Hermann Hesse, Erzähler, Lyriker und zeitkritischer Essayist, am 2. 7. 1877 in Calw/Württemberg als Sohn eines baltischen Missionars und der Tochter eines schwäbischen Indologen geboren, 1946 ausgezeichnet mit dem Nobelpreis für Literatur, starb am 9. 8. 1962 in Montagnola bei Lugano.

Diese Auswahl aus dem 1995 erschienenen Band »Liebesgeschichten« enthält die bekanntesten Erzählungen dieses Themenbandes. Die meisten von ihnen – geschrieben in den Jahren 1902 bis 1925 – sind autobiographisch fundierte Erinnerungen aus der Jugend des Erzählers. Mit großem Einfühlungsvermögen werden hier neben den psychischen Kraftproben und Umwegen auch der Rausch erster Annäherungen an das andere Geschlecht und die Abenteuer intensiver Selbsterfahrung im Spannungsfeld zwischen idealer und sinnlicher Liebe geschildert.

Der Band ist chronologisch angelegt, so daß er zugleich auch die Entwicklung der partnerschaftlichen Anziehungskraft auf den verschiedenen Altersstufen erkennbar macht. Der Schritt vom Ich zum Du, Liebe als Ansporn zur Weiterentwicklung, ist eines der zeitlos aktuellen Leitmotive dieser Erzählungen.

»Die Dichter unserer Tage bieten viel Talent auf, die Entzauberung der Welt zu beschleunigen, und halten sich viel darauf zugute. Auch in den Dingen des Eros bemüht man sich mit Fleiß, ›die Dinge beim Namen zu nennen‹. Man spricht alles aus und sagt doch wenig oder nichts dabei und nichts, was wir nicht wüßten. Ein penetranter Sexualismus bietet den Schlüssel zur Sinnenwelt an. Wenn Hesse von Frauen, vom Eros berichtet, beginnt es zu duften und zu sprühen. Da streiten noch (wie Valéry sagte) Sein und Nichtsein miteinander, und der Rang, den die Geliebte einnimmt, zeichnet den Liebenden aus. Geschwisterlichkeit waltet zwischen den Geschlechtern: alle würfeln ums Paradies mit der Aussicht, es für Minuten zurückzugewinnen.«

Rudolf Hagelstange

insel taschenbuch 2896
Hermann Hesse
Liebesgeschichten

Hermann Hesse
Ausgewählte Liebesgeschichten

Zusammengestellt von
Volker Michels

Insel Verlag

Umschlagabbildung: Pierre-Auguste Renoir, Im Garten.
Ausschnitt. 1885. Eremitage, St. Petersburg

insel taschenbuch 2896
Erste Auflage 2003

Der Text folgt dem Band Hermann Hesse, Liebesgeschichten

Vertrieb durch den Suhrkamp Taschenbuch Verlag
Umschlag: Michael Hagemann
Satz: Hümmer GmbH, Waldbüttelbrunn
Druck: Memminger MedienCentrum AG
Printed in Germany
ISBN 3-458-34596-5

1 2 3 4 5 6 – 08 07 06 05 04 03

Inhalt

Heumond

Das Landhaus Erlenhof lag nicht weit vom Wald und Gebirge in der hohen Ebene.

Vor dem Hause war ein großer Kiesplatz, in den die Landstraße mündete. Hier konnten die Wagen vorfahren, wenn Besuch kam. Sonst lag der viereckige Platz immer leer und still und schien dadurch noch größer, als er war, namentlich bei gutem Sommerwetter, wenn das blendende Sonnenlicht und die heiße Zitterluft ihn so anfüllten, daß man nicht daran denken mochte, ihn zu überschreiten.

Der Kiesplatz und die Straße trennten das Haus vom Garten. »Garten« sagte man wenigstens, aber es war vielmehr ein mäßig großer Park, nicht sehr breit, aber tief, mit stattlichen Ulmen, Ahornen und Platanen, gewundenen Spazierwegen, einem jungen Tannendickicht und vielen Ruhebänken. Dazwischen lagen sonnige, lichte Rasenstücke, einige leer und einige mit Blumenrondells oder Ziersträuchern geschmückt, und in dieser heiteren, warmen Rasenfreiheit standen allein und auffallend zwei große einzelne Bäume.

Der eine war eine Trauerweide. Um ihren Stamm lief eine schmale Lattenbank, und ringsum hingen die langen, seidig zarten, müden Zweige so tief und dicht herab, daß es innen ein Zelt oder Tempel war, wo trotz des ewigen Schattens und Dämmerlichtes eine stete, matte Wärme brütete.

Der andere Baum, von der Weide durch eine niedrig umzäunte Wiese getrennt, war eine mächtige Blutbuche. Sie sah von weitem dunkelbraun und fast schwarz aus. Wenn man jedoch näher kam oder sich unter sie stellte und emporschaute, brannten alle Blätter der äußeren Zweige, vom Sonnenlicht durchdrungen, in einem warmen, leisen Pur-

purfeuer, das mit verhaltener und feierlich gedämpfter Glut wie in Kirchenfenstern leuchtete. Die alte Blutbuche war die berühmteste und merkwürdigste Schönheit des großen Gartens, und man konnte sie von überallher sehen. Sie stand allein und dunkel mitten in dem hellen Graslande, und sie war hoch genug, daß man, wo man auch vom Park aus nach ihr blickte, ihre runde, feste, schöngewölbte Krone mitten im blauen Luftraum stehen sah, und je heller und blendender die Bläue war, desto schwärzer und feierlicher ruhte der Baumwipfel in ihr. Er konnte je nach der Witterung und Tageszeit sehr verschieden aussehen. Oft sah man ihm an, daß er wußte, wie schön er sei und daß er nicht ohne Grund allein und stolz weit von den anderen Bäumen stehe. Er brüstete sich und blickte kühl über alles hinweg in den Himmel. Oft auch sah er aber aus, als wisse er wohl, daß er der einzige seiner Art im Garten sei und keine Brüder habe. Dann schaute er zu den übrigen, entfernten Bäumen hinüber, suchte und hatte Sehnsucht. Morgens war er am schönsten, und auch abends, bis die Sonne rot wurde, aber dann war er plötzlich gleichsam erloschen, und es schien an seinem Orte eine Stunde früher Nacht zu werden als sonst überall. Das eigentümlichste und düsterste Aussehen hatte er jedoch an Regentagen. Während die anderen Bäume atmeten und sich reckten und freudig mit hellerem Grün erprangten, stand er wie tot in seiner Einsamkeit, vom Wipfel bis zum Boden schwarz anzusehen. Ohne daß er zitterte, konnte man doch sehen, daß er fror und daß er mit Unbehagen und Scham so allein und preisgegeben stand.

Früher war der regelmäßig angelegte Lustpark ein strenges Kunstwerk gewesen. Als dann aber Zeiten kamen, in welchen den Menschen ihr mühseliges Warten und Pflegen und Beschneiden verleidet war und niemand mehr nach den mit Mühe hergepflanzten Anlagen fragte, waren die Bäume auf sich selber angewiesen. Sie hatten Freundschaft untereinander geschlossen, sie hatten ihre kunstmäßige, isolierte Rolle vergessen, sie hatten sich in der Not ihrer alten Waldheimat erinnert, sich aneinandergelehnt, mit den Armen umschlungen und gestützt. Sie hatten die schnurgeraden Wege mit dickem Laub verborgen und mit ausgreifenden Wurzeln an sich gezogen und in nährenden Waldboden verwandelt, ihre Wipfel ineinander verschränkt und festgewachsen, und sie sahen in ihrem Schutze ein eifrig aufstrebendes Baumvolk aufwachsen, das mit glatteren Stämmen und lichteren Laubfarben die Leere füllte, den brachen Boden eroberte und durch Schatten und Blätterfall die Erde schwarz, weich und fett machte, so daß nun auch die Moose und Gräser und kleinen Gesträuche ein leichtes Fortkommen hatten.

Als nun später von neuem Menschen herkamen und den einstigen Garten zu Rast und Lustbarkeit gebrauchen wollten, war er ein kleiner Wald geworden. Man mußte sich bescheiden. Zwar wurde der alte Weg zwischen den zwei Platanenreihen wiederhergestellt, sonst aber begnügte man sich damit, schmale und gewundene Fußwege durch das Dickicht zu ziehen, die heidigen Lichtungen mit Rasen zu besäen und an guten Plätzen grüne Sitzbänke aufzustellen. Und die Leute, deren Großväter die Platanen nach der Schnur gepflanzt und beschnitten und nach Gutdünken gestellt und geformt hatten, kamen nun mit ihren Kindern zu ihnen zu Gast und waren froh, daß in der langen Verwahrlosung aus den Alleen ein Wald geworden war, in welchem Sonne und Winde ruhen und Vögel singen und Menschen ihren Gedanken, Träumen und Gelüsten nachhängen konnten.

Paul Abderegg lag im Halbschatten zwischen Gehölz und Wiese und hatte ein weiß und rot gebundenes Buch in der Hand. Bald las er darin, bald sah er übers Gras hinweg den flatternden Bläulingen nach. Er stand eben da, wo Frithjof über Meer fährt, Frithjof der Liebende, der Tempelräuber, der von der Heimat Verbannte. Groll und Reue in der Brust, segelt er über die ungastliche See, am Steuer stehend; Sturm und Gewoge bedrängen das schnelle Drachenschiff, und bitteres Heimweh bezwingt den starken Steuermann.

Über der Wiese brütete die Wärme, hoch und gellend sangen die Grillen, und im Innern des Wäldchens sangen tiefer und süßer die Vögel. Es war herrlich, in dieser einsamen Wirrnis von Düften und Tönen und Sonnenlichtern hingestreckt in den heißen Himmel zu blinzeln, oder rückwärts in die dunkeln Bäume hineinzulauschen, oder mit geschlossenen Augen sich auszurecken und das tiefe, warme Wohlsein durch alle Glieder zu spüren. Aber Frithjof fuhr über Meer, und morgen kam Besuch, und wenn er nicht heute noch das Buch zu Ende las, war es vielleicht wieder nichts damit, wie im vorigen Herbst. Da war er auch hier gelegen und hatte die Frithjofsage angefangen, und es war auch Besuch gekommen, und mit dem Lesen hatte es ein Ende gehabt. Das Buch war dageblieben, er aber ging in der Stadt in seine Schule und dachte zwischen Homer und Tacitus beständig an das angefangene Buch und was im Tempel geschehen würde, mit dem Ring und der Bildsäule.

Er las mit neuem Eifer, halblaut, und über ihm lief ein schwacher Wind durch die Ulmenkronen, sang das Gevögel und flogen die gleißenden Falter, Mücken und Bienen. Und als er zuklappte und in die Höhe sprang, hatte er das Buch zu Ende gelesen, und die Wiese war voll Schatten, und am hellroten Himmel erlosch der Abend. Eine müde Biene setzte sich auf seinen Ärmel und ließ sich tragen. Die Grillen sangen noch immer. Paul ging schnell davon, durchs Gebüsch und den Platanenweg und dann über die Straße und den stillen Vorplatz ins Haus. Er war schön anzusehen, in der schlanken Kraft seiner sechzehn Jahre, und den Kopf hatte er mit stillen Augen gesenkt, noch von den Schicksalen des nordischen Helden erfüllt und zum Nachdenken genötigt.

Die Sommerstube, wo man die Mahlzeiten hielt, lag zuhinterst im Hause. Sie war eigentlich eine Halle, vom Garten nur durch eine Glaswand getrennt, und sprang geräumig als ein kleiner Flügel aus dem Hause vor. Hier war nun der eigentliche Garten, der von alters her »am See« genannt wurde, wenngleich statt eines Sees nur ein kleiner, länglicher Teich zwischen den Beeten, Spalierwänden, Wegen und Obstpflanzungen lag. Die aus der Halle ins Freie führende Treppe war von Oleandern und Palmen eingefaßt, im übrigen sah es »am See« nicht herrschaftlich, sondern behaglich ländlich aus.

»Also morgen kommen die Leutchen«, sagte der Vater. »Du freust dich hoffentlich, Paul?«

»Ja, schon.«

»Aber nicht von Herzen? Ja, mein Junge, da ist nichts zu machen. Für uns paar Leute ist ja Haus und Garten viel zu groß und für niemand soll doch die ganze Herrlichkeit nicht da sein! Ein Landhaus und ein Park sind dazu da, daß fröhliche Menschen drin herumlaufen, und je mehr, desto besser. Übrigens kommst du mit solenner Verspätung. Suppe ist nicht mehr da.«

Dann wandte er sich an den Hauslehrer.

»Verehrtester, man sieht Sie ja gar nie im Garten. Ich hatte immer gedacht, Sie schwärmen fürs Landleben.«

Herr Homburger runzelte die Stirn.

»Sie haben vielleicht recht. Aber ich möchte die Ferienzeit doch möglichst zu meinen Privatstudien verwenden.«

»Alle Hochachtung, Herr Homburger! Wenn einmal Ihr Ruhm die Welt erfüllt, lasse ich eine Tafel unter Ihrem Fenster anbringen. Ich hoffe bestimmt, es noch zu erleben.«

Der Hauslehrer verzog das Gesicht. Er war sehr nervös.

»Sie überschätzen meinen Ehrgeiz«, sagte er frostig. »Es ist mir durchaus einerlei, ob mein Name einmal bekannt wird oder nicht. Was die Tafel betrifft –«

»Oh, seien Sie unbesorgt, lieber Herr! Aber Sie sind entschieden zu bescheiden. Paul, nimm dir ein Muster!«

Der Tante schien es nun an der Zeit, den Kandidaten zu retten. Sie kannte diese Art von höflichen Dialogen, die dem Hausherrn so viel Vergnügen machten, und sie fürchtete sie. Indem sie Wein anbot, lenkte sie das Gespräch in andere Gleise und hielt es darin fest.

Es war hauptsächlich von den erwarteten Gästen die Rede. Paul hörte kaum darauf. Er aß nach Kräften und besann sich nebenher wieder einmal darüber, wie es käme, daß der junge Hauslehrer neben dem fast grauhaarigen Vater immer aussah, als sei er der Ältere.

Vor den Fenstern und Glastüren begannen Garten, Baumland, Teich und Himmel sich zu verwandeln, vom ersten Schauer der heraufkommenden Nacht berührt. Die Gebüsche wurden schwarz und rannen in dunkle Wogen zusammen, und die Bäume, deren Wipfel die ferne Hügellinie überschnitten, reckten sich mit ungeahnten, bei Tage nie gesehenen Formen dunkel und mit einer stummen Leidenschaft in den lichteren Himmel. Die vielfältige, fruchtbare Landschaft verlor ihr friedlich buntes zerstreutes Wesen mehr und mehr und rückte in großen, fest geschlossenen Massen zusammen. Die entfernten Berge sprangen kühner und entschlossener empor, die Ebene lag schwärzlich hingebreitet und ließ nur noch die stärkeren Schwellungen des Bodens durchfühlen. Vor den Fenstern kämpfte das noch vorhandene Tageslicht müde mit dem herabfallenden Lampenschimmer.

Paul stand in dem offenen Türflügel und schaute zu, ohne viel Aufmerksamkeit und ohne viel dabei zu denken. Er dachte wohl, aber nicht an das, was er sah. Er sah es Nacht werden. Aber er konnte nicht fühlen, wie schön es war. Er war zu jung und lebendig, um so etwas hinzunehmen und zu betrachten und sein Genüge daran zu finden. Woran er dachte, das war eine Nacht am nordischen Meer. Am Strande zwischen schwarzen Bäumen wälzt der düster lodernde Tempelbrand Glut und Rauch gen Himmel, an den Felsen bricht sich die See und spiegelt wilde rote Lichter, im Dunkel enteilt mit vollen Segeln ein Wikingerschiff.

»Nun, Junge«, rief der Vater, »was hast du denn heut wieder für einen Schmöker draußen gehabt?«

»Oh, den Frithjof!«

»So, so, lesen das die jungen Leute noch immer? Herr Homburger, wie denken Sie darüber? Was hält man heutzutage von diesem alten Schweden? Gilt er noch?«

»Sie meinen Esajas Tegnér?«

»Ja, richtig, Esajas. Nun?«

»Ist tot, Herr Abderegg, vollkommen tot.«

»Das glaub ich gerne! Gelebt hat der Mann schon zu meinen Zeiten nicht mehr, ich meine damals, als ich ihn las. Ich wollte fragen, ob er noch Mode ist.«

»Ich bedaure, über Mode und Moden bin ich nicht unterrichtet. Was die wissenschaftlich-ästhetische Wertung betrifft –«

»Nun ja, das meinte ich. Also die Wissenschaft – –?«

»Die Literaturgeschichte verzeichnet jenen Tegnér lediglich noch als Namen. Er war, wie Sie sehr richtig sagten, eine Mode. Damit ist ja alles gesagt. Das Echte, Gute ist nie Mode gewesen, aber es lebt. Und Tegnér ist, wie ich sagte, tot. Er existiert für uns nicht mehr. Er scheint uns unecht, geschraubt, süßlich ...«

Paul wandte sich heftig um.

»Das kann doch nicht sein, Herr Homburger!«

»Darf ich fragen, warum nicht?«

»Weil es schön ist! Ja, es ist einfach schön.«

»So? Das ist aber doch kein Grund, sich so aufzuregen.«

»Aber Sie sagen, es sei süßlich und habe keinen Wert. Und es ist doch wirklich schön.«

»Meinen Sie? Ja, wenn Sie so felsenfest wissen, was schön ist, sollte man Ihnen einen Lehrstuhl einräumen. Aber wie Sie sehen, Paul – diesmal stimmt Ihr Urteil nicht mit der Ästhetik überein. Sehen Sie, es ist gerade umgekehrt wie mit Thucydides. Den findet die Wissenschaft schön, und Sie finden ihn schrecklich. Und den Frithjof –«

»Ach, das hat doch mit der Wissenschaft nichts zu tun.«

»Es gibt nichts, schlechterdings nichts in der Welt, womit die Wissenschaft nicht zu tun hätte. – Aber, Herr Abderegg, Sie erlauben wohl, daß ich mich empfehle.«

»Schon?«

»Ich sollte noch etwas schreiben.«

»Schade, wir wären gerade so nett ins Plaudern gekommen. Aber über alles die Freiheit! Also gute Nacht!«

Herr Homburger verließ das Zimmer höflich und steif und verlor sich geräuschlos im Korridor.

»Also die alten Abenteuer haben dir gefallen, Paul?« lachte der Hausherr. »Dann laß sie dir von keiner Wissenschaft verhunzen, sonst geschieht's dir recht. Du wirst doch nicht verstimmt sein?«

»Ach, es ist nichts. Aber weißt du, ich hatte doch gehofft, der Herr Homburger würde nicht mit aufs Land kommen. Du hast ja gesagt, ich brauche in diesen Ferien nicht zu büffeln.«

»Ja, wenn ich das gesagt habe, ist's auch so, und du kannst froh sein. Und der Herr Lehrer beißt dich ja nicht.«

»Warum mußte er denn mitkommen?«

»Ja, siehst du, Junge, wo hätt er denn sonst bleiben sollen? Da, wo er daheim ist, hat er's leider nicht sonderlich schön. Und ich will doch auch mein Vergnügen haben! Mit unterrichteten und gelehrten Männern verkehren ist Gewinn, das merke dir. Ich möchte unsern Herrn Homburger nicht gern entbehren.«

»Ach, Papa, bei dir weiß man nie, was Spaß und was Ernst ist!«

»So lerne es unterscheiden, mein Sohn. Es wird dir nützlich sein. Aber jetzt wollen wir noch ein bißchen Musik machen, nicht?«

Paul zog den Vater sogleich freudig ins nächste Zimmer. Es geschah nicht häufig, daß Papa unaufgefordert mit ihm spielte. Und das war kein Wunder, denn er war ein Meister auf dem Klavier, und der Junge konnte, mit ihm verglichen, nur eben so ein wenig klimpern. Tante Grete blieb allein zurück. Vater und Sohn gehörten zu den Musikanten, die nicht gerne einen Zuhörer vor der Nase haben, aber gerne einen unsichtbaren, von dem sie wissen, daß er nebenan sitzt und lauscht. Das wußte die Tante wohl. Wie sollte sie es auch nicht wissen? Wie sollte ihr irgendein kleiner, zarter Zug an den beiden fremd sein, die sie seit Jahren mit Liebe umgab und behütete und die sie beide wie Kinder ansah.

Sie saß ruhend in einem der biegsamen Rohrsessel und horchte. Was sie hörte, war eine vierhändig gespielte Ouvertüre, die sie gewiß nicht zum erstenmal vernahm, deren Namen sie aber nicht hätte sagen können; denn so gern sie Musik hörte, verstand sie doch wenig davon. Sie wußte, nachher würde der Alte oder der Bub beim Herauskommen fragen: »Tante, was war das für ein Stück?« Dann würde sie sagen »von Mozart« oder »aus Carmen« und dafür ausgelacht werden, denn es war immer etwas anderes gewesen.

Sie horchte, lehnte sich zurück und lächelte. Es war schade, daß niemand es sehen konnte, denn ihr Lächeln war von der echten Art. Es geschah weniger mit den Lippen als mit den Augen; das ganze Gesicht, Stirn und Wangen glänzten innig mit, und es sah aus wie ein tiefes Verstehen und Liebhaben.

Sie lächelte und horchte. Es war eine schöne Musik, und sie gefiel ihr höchlich. Doch hörte sie keineswegs die Ouvertüre allein, obwohl sie ihr zu folgen versuchte. Zuerst bemühte sie sich herauszubringen, wer oben sitze und wer unten. Paul saß unten, das hatte sie bald erhorcht. Nicht daß es gehapert hätte, aber die oberen Stimmen klangen so leicht und kühn und sangen so von innen heraus, wie kein Schüler spielen kann. Und nun konnte sich die Tante alles vorstellen. Sie sah die zwei am Flügel sitzen. Bei prächtigen Stellen sah sie den Vater zärtlich schmunzeln. Paul aber sah sie bei solchen Stellen mit geöffneten Lippen und flammenden Augen sich auf dem Sessel höher recken. Bei besonders heiteren Wendungen paßte sie auf, ob Paul nicht lachen müsse. Dann schnitt nämlich der Alte manchmal eine Grimasse oder machte so eine burschikose Armbewegung, daß es für junge Leute nicht leicht war, an sich zu halten.

Je weiter die Ouvertüre vorwärtsgedieh, desto deutlicher

sah das Fräulein ihre beiden vor sich, desto inniger las sie in ihren vom Spielen erregten Gesichtern. Und mit der raschen Musik lief ein großes Stück Leben, Erfahrung und Liebe an ihr vorbei.

Es war Nacht, man hatte einander schon »Schlaf wohl« gesagt, und jeder war in sein Zimmer gegangen. Hier und dort ging noch eine Tür, ein Fenster auf oder zu. Dann ward es still.

Was auf dem Lande sich von selber versteht, die Stille der Nacht, ist doch für den Städter immer wieder ein Wunder. Wer aus seiner Stadt heraus auf ein Landgut oder in einen Bauernhof kommt und den ersten Abend am Fenster steht oder im Bette liegt, den umfängt diese Stille wie ein Heimatzauber und Ruheport, als wäre er dem Wahren und Gesunden nähergekommen und spüre ein Wehen des Ewigen.

Es ist ja keine vollkommene Stille. Sie ist voll von Lauten, aber es sind dunkle, gedämpfte, geheimnisvolle Laute der Nacht, während in der Stadt die Nachtgeräusche sich von denen des Tages so bitter wenig unterscheiden. Es ist das Singen der Frösche, das Rauschen der Bäume, das Plätschern des Baches, der Flug eines Nachtvogels, einer Fledermaus. Und wenn etwa einmal ein verspäteter Leiterwagen vorüberjagt oder ein Hofhund anschlägt, so ist es ein erwünschter Gruß des Lebens und wird majestätisch von der Weite des Luftraums gedämpft und verschlungen.

Der Hauslehrer hatte noch Licht brennen und ging unruhig und müde in der Stube auf und ab. Er hatte den ganzen Abend bis gegen Mitternacht gelesen. Dieser junge Herr Homburger war nicht, was er schien oder scheinen wollte. Er war kein Denker. Er war nicht einmal ein wissenschaftlicher Kopf. Aber er hatte einige Gaben, und er war jung.

So konnte es ihm, in dessen Wesen es keinen befehlenden und unausweichlichen Schwerpunkt gab, an Idealen nicht fehlen.

Zur Zeit beschäftigten ihn einige Bücher, in welchen merkwürdig schmiegsame Jünglinge sich einbildeten, Bausteine zu einer neuen Kultur aufzutürmen, indem sie in einer weichen, wohllauten Sprache bald Ruskin, bald Nietzsche um allerlei kleine, schöne, leicht tragbare Kleinode bestahlen. Diese Bücher waren viel amüsanter zu lesen als Ruskin und Nietzsche selber, sie waren von koketter Grazie, groß in kleinen Nuancen und von seidig vornehmem Glanze. Und wo es auf einen großen Wurf, auf Machtworte und Leidenschaft ankam, zitierten sie Dante oder Zarathustra.

Deshalb war auch Homburgers Stirn umwölkt, sein Auge müde wie vom Durchmessen ungeheurer Räume und sein Schritt erregt und ungleich. Er fühlte, daß an die ihn umgebende schale Alltagswelt allenthalben Mauerbrecher gelegt waren und daß es galt, sich an die Propheten und Bringer der neuen Seligkeit zu halten. Schönheit und Geist würden ihre Welt durchfluten, und jeder Schritt in ihr würde von Poesie und Weisheit triefen.

Vor seinen Fenstern lag und wartete der gestirnte Himmel, die schwebende Wolke, der träumende Park, das schlafend atmende Feld und die ganze Schönheit der Nacht. Sie wartete darauf, daß er ans Fenster trete und sie schaue. Sie wartete darauf, sein Herz mit Sehnsucht und Heimweh zu verwunden, seine Augen kühl zu baden, seiner Seele gebundene Flügel zu lösen. Er legte sich aber ins Bett, zog die Lampe näher und las im Liegen weiter.

Paul Abderegg hatte kein Licht mehr brennen, schlief aber noch nicht, sondern saß im Hemde auf dem Fensterbrett und schaute in die ruhigen Baumkronen hinein. Den Helden Frithjof hatte er vergessen. Er dachte überhaupt an nichts Bestimmtes, er genoß nur die späte Stunde, deren reges Glücksgefühl ihn noch nicht schlafen ließ. Wie schön die Sterne in der Schwärze standen! Und wie der Vater heute wieder gespielt hatte! Und wie still und märchenhaft der Garten da im Dunkeln lag!

Die Juninacht umschloß den Knaben zart und dicht, sie kam ihm still entgegen, sie kühlte, was noch in ihm heiß und flammend war. Sie nahm ihm leise den Überfluß seiner Jugend ab, bis seine Augen ruhig und seine Schläfen kühl wurden, und dann blickte sie ihm lächelnd als eine gute Mutter in die Augen. Er wußte nicht mehr, wer ihn anschaue und wo er sei, er lag schlummernd auf dem Lager, atmete tief und schaute gedankenlos hingegeben in große, stille Augen, in deren Spiegel Gestern und Heute zu wunderlich verschlungenen Bildern und schwer zu entwirrenden Sagen wurden.

Auch des Kandidaten Fenster war nun dunkel. Wenn jetzt etwa ein Nachtwanderer auf der Landstraße vorüberkam und Haus und Vorplatz, Park und Garten lautlos im Schlummer liegen sah, konnte er wohl mit einem Heimweh herüberblicken und sich des ruhevollen Anblicks mit halbem Neide freuen. Und wenn es ein armer, obdachloser Fechtbruder war, konnte er unbesorgt in den arglos offenstehenden Park eintreten und sich die längste Bank zum Nachtlager aussuchen.

Am Morgen war diesmal gegen seine Gewohnheit der Hauslehrer vor allen andern wach. Munter war er darum nicht. Er hatte sich mit dem langen Lesen bei Lampenlicht Kopfweh geholt; als er dann endlich die Lampe gelöscht hatte, war das Bett schon zu warmgelegen und zerwühlt zum

Schlafen, und nun stand er nüchtern und fröstelnd mit matten Augen auf. Er fühlte deutlicher als je die Notwendigkeit einer neuen Renaissance, hatte aber für den Augenblick zur Fortsetzung seiner Studien keine Lust, sondern spürte ein heftiges Bedürfnis nach frischer Luft. So verließ er leise das Haus und wandelte langsam feldeinwärts.

Überall waren schon die Bauern an der Arbeit und blickten dem ernst Dahinschreitenden flüchtig und, wie es ihm zuweilen scheinen wollte, spöttisch nach. Dies tat ihm weh, und er beeilte sich, den nahen Wald zu erreichen, wo ihn Kühle und mildes Halblicht umflossen. Eine halbe Stunde trieb er sich verdrossen dort umher. Dann fühlte er eine innere Öde und begann zu erwägen, ob es nun wohl bald einen Kaffee geben werde. Er kehrte um und lief an den schon warm besonnten Feldern und unermüdlichen Bauersleuten vorüber wieder heimwärts.

Unter der Haustür kam es ihm plötzlich unfein vor, so heftig und happig zum Frühstück zu eilen. Er wandte um, tat sich Gewalt an und beschloß, vorher noch gemäßigten Schrittes einen Gang durch die Parkwege zu tun, um nicht atemlos am Tisch zu erscheinen. Mit künstlich bequemem Schlenderschritt ging er durch die Platanenallee und wollte soeben gegen den Ulmenwinkel umwenden, als ein unvermuteter Anblick ihn erschreckte.

Auf der letzten, durch Holundergebüsch etwas versteckten Bank lag ausgestreckt ein Mensch. Er lag bäuchlings und hatte das Gesicht auf die Ellbogen und Hände gelegt. Herr Homburger war im ersten Schreck geneigt, an eine Greueltat zu denken, doch belehrte ihn bald das feste tiefe Atmen des Daliegenden, daß er vor einem Schlafenden stehe. Dieser sah abgerissen aus, und je mehr der Lehrersmann erkannte, daß er es mit einem vermutlich ganz jungen und unkräftigen

Bürschlein zu tun habe, desto höher stiegen der Mut und die Entrüstung in seiner Seele. Überlegenheit und Mannesstolz erfüllten ihn, als er nach kurzem Zögern entschlossen nähertrat und den Schläfer wachschüttelte.

»Stehen Sie auf, Kerl! Was machen Sie denn hier?«

Das Handwerksbürschlein taumelte erschrocken empor und starrte verständnislos und ängstlich in die Welt. Er sah einen Herrn im Gehrock befehlend vor sich stehen und besann sich eine Weile, was das bedeuten könne, bis ihm einfiel, daß er zu Nacht in einen offenen Garten eingetreten sei und dort genächtigt habe. Er hatte mit Tagesanbruch weiterwollen, nun war er verschlafen und wurde zur Rechenschaft gezogen.

»Können Sie nicht reden, was tun Sie hier?«

»Nur geschlafen hab ich«, seufzte der Angedonnerte und erhob sich vollends. Als er auf den Beinen stand, bestätigte sein schmächtiges Gliedergerüst den unfertig jugendlichen Ausdruck seines fast noch kindlichen Gesichts. Er konnte höchstens achtzehn Jahre alt sein.

»Kommen Sie mit mir!« gebot der Kandidat und nahm den willenlos folgenden Fremdling mit zum Hause hinüber, wo ihm gleich unter der Türe Herr Abderegg begegnete.

»Guten Morgen, Herr Homburger, Sie sind ja früh auf! Aber was bringen Sie da für merkwürdige Gesellschaft?«

»Dieser Bursche hat Ihren Park als Nachtherberge benützt. Ich glaubte, Sie davon unterrichten zu müssen.«

Der Hausherr begriff sofort. Er schmunzelte.

»Ich danke Ihnen, lieber Herr. Offen gestanden, ich hätte kaum ein so weiches Herz bei Ihnen vermutet. Aber Sie haben recht, es ist ja klar, daß der arme Kerl zum mindesten einen Kaffee bekommen muß. Vielleicht sagen Sie drinnen dem Fräulein, sie möchte ein Frühstück für ihn herausschikken? Oder warten Sie, wir bringen ihn gleich in die Küche. – Kommen Sie mit, Kleiner, es ist schon was übrig.«

Am Kaffeetisch umgab sich der Mitbegründer einer neuen Kultur mit einer majestätischen Wolke von Ernst und Schweigsamkeit, was den alten Herrn nicht wenig freute. Es kam jedoch zu keiner Neckerei, schon weil die heute erwarteten Gäste alle Gedanken in Anspruch nahmen.

Die Tante hüpfte immer wieder sorgend und lächelnd von einer Gaststube in die andere, die Dienstboten nahmen maßvoll an der Aufregung teil oder grinsten zuschauend, und gegen Mittag setzte sich der Hausherr mit Paul in den Wagen, um zur nahen Bahnstation zu fahren.

Wenn es in Pauls Wesen lag, daß er die Unterbrechungen seines gewohnten stillen Ferienlebens durch Gastbesuche fürchtete, so war es ihm ebenso natürlich, die einmal Angekommenen nach seiner Weise möglichst kennenzulernen, ihr Wesen zu beobachten und sie sich irgendwie zu eigen zu machen. So betrachtete er auf der Heimfahrt im etwas überfüllten Wagen die drei Fremden mit stiller Aufmerksamkeit, zuerst den lebhaft redenden Professor, dann mit einiger Scheu die beiden Mädchen.

Der Professor gefiel ihm, schon weil er wußte, daß er ein Duzfreund seines Vaters war. Im übrigen fand er ihn ein wenig streng und ältlich, aber nicht zuwider und jedenfalls unsäglich gescheit. Viel schwerer war es, über die Mädchen ins reine zu kommen. Die eine war eben schlechthin ein junges Mädchen, ein Backfisch, jedenfalls ziemlich gleich alt wie er selber. Es würde nur darauf ankommen, ob sie von der spöttischen oder gutmütigen Art war, je nachdem würde es Krieg oder Freundschaft zwischen ihm und ihr geben. Im Grunde waren ja alle jungen Mädchen dieses Alters gleich, und es war mit allen gleich schwer zu reden und auszukommen. Es gefiel ihm, daß sie wenigstens still war und nicht gleich einen Sack voll Fragen auskramte.

Die andere gab ihm mehr zu raten. Sie war, was er freilich nicht zu berechnen verstand, vielleicht drei- oder vierundzwanzig und gehörte zu der Art von Damen, welche Paul zwar sehr gerne sah und von weitem betrachtete, deren näherer Umgang ihn aber scheu machte und meist in Verlegenheiten verwickelte. Er wußte an solchen Wesen die natürliche Schönheit durchaus nicht von der eleganten Haltung und Kleidung zu trennen, fand ihre Gesten und ihre Frisuren meist affektiert und vermutete bei ihnen eine Menge von überlegenen Kenntnissen über Dinge, die ihm tiefe Rätsel waren.

Wenn er genau darüber nachdachte, haßte er diese ganze Gattung. Sie sahen alle schön aus, aber sie hatten auch alle die gleiche demütigende Zierlichkeit und Sicherheit im Benehmen, die gleichen hochmütigen Ansprüche und die gleiche geringschätzende Herablassung gegen Jünglinge seines Alters. Und wenn sie lachten oder lächelten, was sie sehr häufig taten, sah es oft so unleidlich maskenhaft und verlogen aus. Darin waren die Backfische doch viel erträglicher.

Am Gespräch nahm außer den beiden Männern nur Fräulein Thusnelde – das war die ältere, elegante – teil. Die kleine blonde Berta schwieg ebenso scheu und beharrlich wie Paul, dem sie gegenübersaß. Sie trug einen großen, weich gebogenen, ungefärbten Strohhut mit blauen Bändern und ein blaßblaues, dünnes Sommerkleid mit losem Gürtel und schmalen weißen Säumen. Es schien, als sei sie ganz in den Anblick der sonnigen Felder und heißen Heuwiesen verloren.

Aber zwischenein warf sie häufig einen schnellen Blick

auf Paul. Sie wäre noch einmal so gern mit nach Erlenhof gekommen, wenn nur der Junge nicht gewesen wäre. Er sah ja sehr ordentlich aus, aber gescheit, und die Gescheiten waren doch meistens die Widerwärtigsten. Da würde es gelegentlich so heimtückische Fremdwörter geben und auch solche herablassende Fragen, etwa nach dem Namen einer Feldblume, und dann, wenn sie ihn nicht wußte, so ein unverschämtes Lächeln, und so weiter. Sie kannte das von ihren zwei Vettern, von denen einer Student und der andere Gymnasiast war, und der Gymnasiast war eher der schlimmere, einmal bubenhaft ungezogen und ein andermal von jener unausstehlich höhnischen Kavalierhöflichkeit, vor der sie so Angst hatte.

Eins wenigstens hatte Berta gelernt, und sie hatte beschlossen, sich auch jetzt auf alle Fälle daran zu halten: weinen durfte sie nicht, unter keinen Umständen. Nicht weinen und nicht zornig werden, sonst war sie unterlegen. Und das wollte sie hier um keinen Preis. Es fiel ihr tröstlich ein, daß für alle Fälle auch noch eine Tante da sein würde; an die wollte sie sich dann zum Schutz wenden, falls es nötig werden sollte.

»Paul, bist du stumm?« rief Herr Abderegg plötzlich.

»Nein, Papa. Warum?«

»Weil du vergißt, daß du nicht allein im Wagen sitzt. Du könntest dich der Berta schon etwas freundlicher zeigen.«

Paul seufzte unhörbar. Also nun fing es an.

»Sehen Sie, Fräulein Berta, dort hinten ist dann unser Haus.«

»Aber Kinder, ihr werdet doch nicht Sie zueinander sagen!«

»Ich weiß nicht, Papa – ich glaube doch.«

»Na, dann weiter! Ist aber recht überflüssig.«

Berta war rot geworden, und kaum sah es Paul, so ging es ihm nicht anders. Die Unterhaltung zwischen ihnen war schon wieder zu Ende, und beide waren froh, daß die Alten es nicht merkten. Es wurde ihnen unbehaglich, und sie atmeten auf, als der Wagen mit plötzlichem Krachen auf den Kiesweg einbog und am Hause vorfuhr.

»Bitte, Fräulein«, sagte Paul und half Berta beim Aussteigen. Damit war er der Sorge um sie fürs erste entledigt, denn im Tor stand schon die Tante, und es schien, als lächle das ganze Haus, öffne sich und fordere zum Eintritt auf, so gastlich froh und herzlich nickte sie und streckte die Hand entgegen und empfing eins um das andere und dann jedes noch ein zweites Mal. Die Gäste wurden in ihre Stuben begleitet und gebeten, recht bald und recht hungrig zu Tische zu kommen.

Auf der weißen Tafel standen zwei große Blumensträuße und dufteten in die Speisengerüche hinein. Herr Abderegg tranchierte den Braten, die Tante visierte scharfäugig Teller und Schüsseln. Der Professor saß wohlgemut und festlich im Gehrock am Ehrenplatz, warf der Tante sanfte Blicke zu und störte den eifrig arbeitenden Hausherrn durch zahllose Fragen und Witze. Fräulein Thusnelde half zierlich und lächelnd beim Herumbieten der Teller und kam sich zu wenig beschäftigt vor, da ihr Nachbar, der Kandidat, zwar wenig aß, aber noch weniger redete. Die Gegenwart eines altmodischen Professors und zweier junger Damen wirkte versteinernd auf ihn. Er war im Angstgefühl seiner jungen Würde beständig auf irgendwelche Angriffe, ja Beleidigungen gefaßt, welche er zum voraus durch eiskalte Blicke und angestrengtes Schweigen abzuwehren bemüht war.

Berta saß neben der Tante und fühlte sich geborgen. Paul

widmete sich mit Anstrengung dem Essen, um nicht in Gespräche verwickelt zu werden, vergaß sich darüber und ließ es sich wirklich besser schmecken als alle anderen.

Gegen das Ende der Mahlzeit hatte der Hausherr nach hitzigem Kampfe mit seinem Freunde das Wort an sich gerissen und ließ es sich nicht wieder nehmen. Der besiegte Professor fand nun erst Zeit zum Essen und holte maßvoll nach. Herr Homburger merkte endlich, daß niemand Angriffe auf ihn plane, sah aber nun zu spät, daß sein Schweigen unfein gewesen war, und glaubte sich von seiner Nachbarin höhnisch betrachtet zu wissen. Er senkte deshalb den Kopf so weit, daß eine leichte Falte unterm Kinn entstand, zog die Augenbrauen hoch und schien Probleme im Kopf zu wälzen.

Fräulein Thusnelde begann, da der Hauslehrer versagte, ein sehr zärtliches Geplauder mit Berta, an welchem die Tante sich beteiligte.

Paul hatte sich inzwischen vollgegessen und legte, indem er sich plötzlich übersatt fühlte, Messer und Gabel nieder. Aufschauend erblickte er zufällig gerade den Professor in einem komischen Augenblick: er hatte eben einen stattlichen Bissen zwischen den Zähnen und noch nicht von der Gabel los, als ihn gerade ein Kraftwort in der Rede Abderеggs aufzumerken nötigte. So vergaß er für Augenblicke die Gabel zurückzuziehen und schielte großäugig und mit offenem Munde auf seinen sprechenden Freund hinüber. Da brach Paul, der einem plötzlichen Lachreiz nicht widerstehen konnte, in ein mühsam gedämpftes Kichern aus.

Herr Abderegg fand im Drang der Rede nur Zeit zu einem eiligen Zornblick. Der Kandidat bezog das Lachen auf sich und biß auf die Unterlippe. Berta lachte mitgerissen ohne weiteren Grund plötzlich auch. Sie war so froh, daß Paul diese Jungenhaftigkeit passierte. Er war also wenigstens keiner von den Tadellosen.

»Was freut Sie denn so?« fragte Fräulein Thusnelde.

»Oh, eigentlich gar nichts.«

»Und dich, Berta?«

»Auch nichts. Ich lache nur so mit.«

»Darf ich Ihnen noch einschenken?« fragte Herr Homburger mit gepreßtem Ton.

»Danke, nein.«

»Aber mir, bitte«, sagte die Tante freundlich, ließ jedoch den Wein alsdann ungetrunken stehen.

Man hatte abgetragen, und es wurden Kaffee, Kognak und Zigarren gebracht.

Paul wurde von Fräulein Thusnelde gefragt, ob er auch rauche.

»Nein«, sagte er, »es schmeckt mir gar nicht.« Dann fügte er, nach einer Pause, plötzlich ehrlich hinzu: »Ich darf auch noch nicht.«

Als er das sagte, lächelte Fräulein Thusnelde ihm schelmisch zu, wobei sie den Kopf etwas auf die Seite neigte. In diesem Augenblick erschien sie dem Knaben charmant, und er bereute den vorher auf sie geworfenen Haß.

Sie konnte doch sehr nett sein.

Der Abend war so warm und einladend, daß man noch um elf Uhr unter den leise flackernden Windlichtern im Garten draußen saß. Und daß die Gäste sich von der Reise müde gefühlt hatten und eigentlich früh zu Bett hatten gehen wollen, daran dachte jetzt niemand mehr.

Die warme Luft wogte in leichter Schwüle ungleich und träumend hin und wider, der Himmel war ganz in der Höhe sternklar und feuchtglänzend, gegen die Berge hin tiefschwarz und golden vom fiebernden Geäder des Wetterleuchtens überspannt. Die Gebüsche dufteten süß und schwer, und der weiße Jasmin schimmerte mit unsicheren Lichtern fahl aus der Finsternis.

»Sie glauben also, diese Reform unserer Kultur werde nicht aus dem Volksbewußtsein kommen, sondern von einem oder einigen genialen Einzelnen?«

Der Professor legte eine gewisse Nachsicht in den Ton seiner Frage.

»Ich denke es mir so –«, erwiderte etwas steif der Hauslehrer und begann eine lange Rede, welcher außer dem Professor niemand zuhörte.

Herr Abderegg scherzte mit der kleinen Berta, welcher die Tante Beistand leistete. Er lag voll Behagen im Stuhl zurück und trank Weißwein mit Sauerwasser.

»Sie haben den ›Ekkehard‹ also auch gelesen?« fragte Paul das Fräulein Thusnelde.

Sie lag in einem sehr niedriggestellten Klappstuhl, hatte den Kopf ganz zurückgelegt und sah geradeaus in die Höhe.

»Jawohl«, sagte sie. »Eigentlich sollte man Ihnen solche Bücher noch verbieten.«

»So? Warum denn?«

»Weil Sie ja doch noch nicht alles verstehen können.«

»Glauben Sie?«

»Natürlich.«

»Es gibt aber Stellen darin, die ich vielleicht besser als Sie verstanden habe.«

»Wirklich? Welche denn?«

»Die lateinischen.«

»Was Sie für Witze machen!«

Paul war sehr munter. Er hatte zu Abend etwas Wein zu

trinken bekommen, nun fand er es köstlich, in die weiche, dunkle Nacht hineinzureden, und wartete neugierig, ob es ihm gelänge, die elegante Dame ein wenig aus ihrer trägen Ruhe zu bringen, zu einem heftigeren Widerspruch oder zu einem Gelächter. Aber sie schaute nicht zu ihm herüber. Sie lag unbeweglich, das Gesicht nach oben, eine Hand auf dem Stuhl, die andre bis zur Erde herabhängend. Ihr weißer Hals und ihr weißes Gesicht hoben sich matt schimmernd von den schwarzen Bäumen ab.

»Was hat Ihnen denn im ›Ekkehard‹ am besten gefallen?« fragte sie jetzt, wieder ohne ihn anzusehen.

»Der Rausch des Herrn Spazzo.«

»Ach?«

»Nein, wie die alte Waldfrau vertrieben wird.«

»So?«

»Oder vielleicht hat mir doch das am besten gefallen, wie die Praxedis ihn aus dem Kerker entwischen läßt. Das ist fein.«

»Ja, das ist fein. Wie war es nur?«

»Wie sie nachher Asche hinschüttet –«

»Ach ja. Ja, ich weiß.«

»Aber jetzt müssen Sie mir auch sagen, was Ihnen am besten gefällt.«

»Im ›Ekkehard‹?«

»Ja, natürlich.«

»Dieselbe Stelle. Wo Praxedis dem Mönch davonhilft. Wie sie ihm da noch einen Kuß mitgibt und dann lächelt und ins Schloß zurückgeht.«

»Ja – ja«, sagte Paul langsam, aber er konnte sich des Kusses nicht erinnern.

Des Professors Gespräch mit dem Hauslehrer war zu Ende gegangen. Herr Abderegg steckte sich eine Virginia an, und Berta sah neugierig zu, wie er die Spitze der langen Zigarre über der Kerzenflamme verkohlen ließ. Das Mädchen hielt die neben ihr sitzende Tante mit dem rechten Arm umschlungen und hörte großäugig den fabelhaften Erlebnissen zu, von denen der alte Herr ihr erzählte. Es war von Reiseabenteuern, namentlich in Neapel, die Rede.

»Ist das wirklich wahr?« wagte sie einmal zu fragen.

Herr Abderegg lachte.

»Das kommt allein auf Sie an, kleines Fräulein. Wahr ist an einer Geschichte immer nur das, was der Zuhörer glaubt.«

»Aber nein?! Da muß ich Papa drüber fragen.«

»Tun Sie das!«

Die Tante streichelte Bertas Hand, die ihre Taille umfing.

»Es ist ja Scherz, Kind.«

Sie hörte dem Geplauder zu, wehrte die taumelnden Nachtmotten von ihres Bruders Weinglas ab und gab jedem, der sie etwa anschaute, einen gütigen Blick zurück. Sie hatte ihre Freude an den alten Herren, an Berta und dem lebhaft schwatzenden Paul, an der schönen Thusnelde, die aus der Gesellschaft heraus in die Nachtbläue schaute, am Hauslehrer, der seine klugen Reden nachgenoß. Sie war noch jung genug und hatte nicht vergessen, wie es der Jugend in solchen Gartensommernächten warm und wohl sein kann. Wieviel Schicksal noch auf alle diese schönen Jungen und klugen Alten wartete! Auch auf den Hauslehrer. Wie jedem sein Leben und seine Gedanken und Wünsche so wichtig waren! Und wie schön Fräulein Thusnelde aussah! Eine wirkliche Schönheit.

Die gütige Dame streichelte Bertas rechte Hand, lächelte dem etwas vereinsamten Kandidaten liebreich zu und fühlte von Zeit zu Zeit hinter den Stuhl des Hausherrn, ob auch seine Weinflasche noch im Eise stehe.

»Erzählen Sie mir etwas aus Ihrer Schule!« sagte Thusnelde zu Paul.

»Ach, die Schule! Jetzt sind doch Ferien.«

»Gehen Sie denn nicht gern ins Gymnasium?«

»Kennen Sie jemand, der gern hineingeht?«

»Sie wollen aber doch studieren?«

»Nun ja. Ich will schon.«

»Aber was möchten Sie noch lieber?«

»Noch lieber? – Haha –. Noch lieber möcht ich Seeräuber werden.«

»Seeräuber?«

»Jawohl, Seeräuber. Pirat.«

»Dann könnten Sie aber nimmer soviel lesen.«

»Das wäre auch nicht nötig. Ich würde mir schon die Zeit vertreiben.«

»Glauben Sie?«

»O gewiß. Ich würde –«

»Nun?«

»Ich würde – ach, das kann man gar nicht sagen.«

»Dann sagen Sie es eben nicht.«

Es wurde ihm langweilig. Er rückte zu Berta hinüber und half ihr zuhören. Papa war ungemein lustig. Er sprach jetzt ganz allein, und alles hörte zu und lachte.

Da stand Fräulein Thusnelde in ihrem losen, feinen englischen Kleide langsam auf und trat an den Tisch.

»Ich möchte gute Nacht sagen.«

Nun brachen alle auf, sahen auf die Uhr und konnten nicht begreifen, daß es wirklich schon Mitternacht sei.

Auf dem kurzen Weg bis zum Hause ging Paul neben Berta, die ihm plötzlich sehr gut gefiel, namentlich seit er sie über Papas Witze so herzlich hatte lachen hören. Er war ein Esel gewesen, sich über den Besuch zu ärgern. Es war doch fein, so des Abends mit Mädchen zu plaudern.

Er fühlte sich als Kavalier und begann zu bedauern, daß er sich den ganzen Abend nur um die andere gekümmert hatte. Die war doch wohl ein Fratz. Berta war ihm viel lieber, und es tat ihm leid, daß er sich heute nicht zu ihr gehalten hatte. Und er versuchte, ihr das zu sagen. Sie kicherte.

»Oh, Ihr Papa war so unterhaltend! Es war reizend.«

Er schlug ihr für morgen einen Spaziergang auf den Eichelberg vor. Es sei nicht weit und so schön. Er kam ins Beschreiben, sprach vom Weg und von der Aussicht und redete sich ganz in Feuer.

Da ging gerade Fräulein Thusnelde an ihnen vorüber, während er im eifrigsten Reden war. Sie wandte sich ein wenig um und sah ihm ins Gesicht. Es geschah ruhig und etwas neugierig, aber er fand es spöttisch und verstummte plötzlich. Berta blickte erstaunt auf und sah ihn verdrießlich werden, ohne zu wissen warum.

Da war man schon im Hause. Berta gab Paul die Hand. Er sagte gute Nacht. Sie nickte und ging.

Thusnelde war vorausgegangen, ohne ihm gute Nacht zu sagen. Er sah sie mit einer Handlampe die Treppe hinaufgehen, und indem er ihr nachschaute, ärgerte er sich über sie.

Paul lag wach im Bett und verfiel dem feinen Fieber der warmen Nacht. Die Schwüle war im Zunehmen, das Wetterleuchten zitterte beständig an den Wänden. Zuweilen glaubte er, es in weiter Ferne leise donnern zu hören. In langen Pausen kam und ging ein schlaffer Wind, der kaum die Wipfel rauschen machte.

Der Knabe überdachte halb träumend den vergangenen Abend und fühlte, daß er heute anders gewesen sei als sonst. Er kam sich erwachsener vor, vielmehr schien ihm die Rolle des Erwachsenen heute besser geglückt als bei früheren Versuchen. Mit dem Fräulein hatte er sich doch ganz flott unterhalten und nachher auch mit Berta.

Es quälte ihn, ob Thusnelde ihn ernstgenommen habe. Vielleicht hatte sie eben doch nur mit ihm gespielt. Und das mit dem Kuß der Praxedis mußte er morgen nachlesen. Ob er das wirklich nicht verstanden oder nur vergessen hatte?

Er hätte gern gewußt, ob Fräulein Thusnelde wirklich schön sei, richtig schön. Es schien ihm so, aber er traute weder sich noch ihr. Wie sie da beim schwachen Lampenlicht im Stuhl halb saß und halb lag, so schlank und ruhig, mit der auf den Boden niederhängenden Hand, das hatte ihm gefallen. Wie sie lässig nach oben schaute, halb vergnügt und halb müde, und der weiße schlanke Hals – im hellen, langen Damenkleid –, das könnte geradeso auf einem Gemälde vorkommen.

Freilich, Berta war ihm entschieden lieber. Sie war ja vielleicht ein wenig sehr naiv, aber sanft und hübsch, und man konnte doch mit ihr reden ohne den Argwohn, sie mache sich heimlich über einen lustig. Wenn er es von Anfang an mit ihr gehalten hätte, statt erst im letzten Augenblick, dann könnten sie möglicherweise jetzt schon ganz gute Freunde sein. Überhaupt begann es ihm jetzt leid zu tun, daß die Gäste nur zwei Tage bleiben wollten.

Aber warum hatte ihn, als er beim Heimgehen mit der Berta lachte, die andere so angesehen?

Er sah sie wieder an sich vorbeigehen und den Kopf umwenden, und er sah wieder ihren Blick. Sie war doch schön. Er stellte sich alles wieder deutlich vor, aber er kam nicht darüber hinweg – ihr Blick war spöttisch gewesen, überlegen spöttisch. Warum? Noch wegen des »Ekkehard«? Oder weil er mit der Berta gelacht hatte?

Der Ärger darüber folgte ihm noch in den Schlaf.

Am Morgen war der ganze Himmel bedeckt, doch hatte es noch nicht geregnet. Es roch überall nach Heu und nach warmem Erdstaub.

»Schade«, klagte Berta beim Herunterkommen, »man wird heute keinen Spaziergang machen können?«

»Oh, es kann sich noch den ganzen Tag halten«, tröstete Herr Abderegg.

»Du bist doch sonst nicht so eifrig fürs Spazierengehen«, meinte Fräulein Thusnelde.

»Aber wenn wir doch nur so kurz hier sind!«

»Wir haben eine Luftkegelbahn«, schlug Paul vor. »Im Garten. Auch ein Krocket. Aber Krocket ist langweilig.«

»Ich finde Krocket sehr hübsch«, sagte Fräulein Thusnelde.

»Dann können wir ja spielen.«

»Gut, nachher. Wir müssen doch erst Kaffee trinken.«

Nach dem Frühstück gingen die jungen Leute in den Garten; auch der Kandidat schloß sich an. Fürs Krocketspielen fand man das Gras zu hoch, und man entschloß sich nun doch zu dem andern Spiel. Paul schleppte eifrig die Kegel herbei und stellte auf.

»Wer fängt an?«

»Immer der, der fragt.«

»Also gut. Wer spielt mit?«

Paul bildete mit Thusnelde die eine Partei. Er spielte sehr gut und hoffte, von ihr dafür gelobt oder auch nur geneckt zu werden. Sie sah es aber gar nicht und schenkte überhaupt dem Spiel keine Aufmerksamkeit. Wenn Paul ihr die Kugel gab, schob sie unachtsam und zählte nicht einmal, wieviel Kegel fielen. Statt dessen unterhielt sie sich mit dem Hauslehrer über Turgenjew. Herr Homburger war heute sehr höflich. Nur Berta schien ganz beim Spiel zu sein. Sie half stets beim Aufsetzen und ließ sich von Paul das Zielen zeigen.

»König aus der Mitte!« schrie Paul. »Fräulein, nun gewinnen wir sicher. Das gilt zwölf.«

Sie nickte nur.

»Eigentlich ist Turgenjew gar kein richtiger Russe«, sagte der Kandidat und vergaß, daß es an ihm war zu spielen. Paul wurde zornig.

»Herr Homburger, Sie sind dran!«

»Ich?«

»Ja doch, wir warten alle.«

Er hätte ihm am liebsten die Kugel ans Schienbein geschleudert. Berta, die seine Verstimmung bemerkte, wurde nun auch unruhig und traf nichts mehr.

»Dann können wir ja aufhören.«

Niemand hatte etwas dagegen. Fräulein Thusnelde ging langsam weg, der Lehrer folgte ihr. Paul warf verdrießlich die noch stehenden Kegel mit dem Fuße um.

»Sollen wir nicht weiterspielen?« fragte Berta schüchtern.

»Ach, zu zweien ist es nichts. Ich will aufräumen.«

Sie half ihm bescheiden. Als alle Kegel wieder in der Kiste waren, sah er sich nach Thusnelde um. Sie war im Park verschwunden. Natürlich, er war ja für sie nur ein dummer Junge.

»Was nun?«

»Vielleicht zeigen Sie mir den Park ein wenig?«

Da schritt er so rasch durch die Wege voran, daß Berta

außer Atem kam und fast laufen mußte, um nachzukommen. Er zeigte ihr das Wäldchen und die Platanenallee, dann die Blutbuche und die Wiesen. Während er sich beinahe ein wenig schämte, so grob und wortkarg zu sein, wunderte er sich zugleich, daß er sich vor Berta gar nimmer geniere. Er ging mit ihr um, wie wenn sie zwei Jahre jünger wäre. Und sie war still, sanft und schüchtern, sagte kaum ein Wort und sah ihn nur zuweilen an, als bäte sie für irgend etwas um Entschuldigung.

Bei der Trauerweide trafen sie mit den beiden andern zusammen. Der Kandidat redete noch fort, das Fräulein war still worden und schien verstimmt. Paul wurde plötzlich gesprächiger. Er machte auf den alten Baum aufmerksam, schlug die herabhängenden Zweige auseinander und zeigte die um den Stamm laufende Rundbank.

»Wir wollen sitzen«, befahl Fräulein Thusnelde.

Alle setzten sich nebeneinander auf die Bank. Es war hier sehr warm und dunstig, die grüne Dämmerung war schlaff und schwül und machte schläfrig. Paul saß rechts neben Thusnelde.

»Wie still es da ist!« begann Herr Homburger.

Das Fräulein nickte.

»Und so heiß!« sagte sie. »Wir wollen eine Weile gar nichts reden.«

Da saßen alle vier schweigend. Neben Paul lag auf der Bank Thusneldes Hand, eine lange und schmale Damenhand mit schlanken Fingern und feinen, gepflegten, mattglänzenden Nägeln. Paul sah beständig die Hand an. Sie kam aus einem weiten hellgrauen Ärmel hervor, so weiß wie der bis übers Gelenk sichtbare Arm, sie bog sich vom Gelenk etwas nach außen und lag ganz still, als sei sie müde.

Und alle schwiegen. Paul dachte an gestern abend. Da war

dieselbe Hand auch so lang und still und ruhend herabgehängt und die ganze Gestalt so regungslos halb gesessen, halb gelegen. Es paßte zu ihr, zu ihrer Figur und zu ihren Kleidern, zu ihrer angenehm weichen, nicht ganz freien Stimme, auch zu ihrem Gesicht, das mit den ruhigen Augen so klug und abwartend und gelassen aussah.

Herr Homburger sah auf die Uhr.

»Verzeihen Sie, meine Damen, ich sollte nun an die Arbeit. Sie bleiben doch hier, Paul?«

Er verbeugte sich und ging.

Die andern blieben schweigend sitzen. Paul hatte seine Linke langsam und mit ängstlicher Vorsicht wie ein Verbrecher der Frauenhand genähert und dann dicht neben ihr liegen lassen. Er wußte nicht, warum er es tat. Es geschah ohne seinen Willen, und dabei wurde ihm so drückend bang und heiß, daß seine Stirn voll von Tropfen stand.

»Krocket spiele ich auch nicht gerne«, sagte Berta leise, wie aus einem Traum heraus. Durch das Weggehen des Hauslehrers war zwischen ihr und Paul eine Lücke entstanden, und sie hatte sich die ganze Zeit besonnen, ob sie herrücken solle oder nicht. Es war ihr, je länger sie zauderte, immer schwerer vorgekommen, es zu tun, und nun fing sie, nur um sich nicht länger ganz allein zu fühlen, zu reden an.

»Es ist wirklich kein nettes Spiel«, fügte sie nach einer langen Pause mit unsicherer Stimme hinzu. Doch antwortete niemand.

Es war wieder ganz still. Paul glaubte, sein Herz schlagen zu hören. Es trieb ihn, aufzuspringen und irgend etwas Lustiges oder Dummes zu sagen oder wegzulaufen. Aber er blieb sitzen, ließ seine Hand liegen und hatte ein Gefühl, als würde ihm langsam, langsam die Luft entzogen, bis zum

Ersticken. Nur war es angenehm, auf eine traurige, quälende Art angenehm.

Fräulein Thusnelde blickte in Pauls Gesicht, mit ihrem ruhigen und etwas müden Blick. Sie sah, daß er unverwandt auf seine Linke schaute, die dicht neben ihrer Rechten auf der Bank lag.

Da hob sie ihre Rechte ein wenig, legte sie fest auf Pauls Hand und ließ sie da liegen.

Ihre Hand war weich, doch kräftig und von trockener Wärme. Paul erschrak wie ein überraschter Dieb und fing zu zittern an, zog aber seine Hand nicht weg. Er konnte kaum noch atmen, so stark arbeitete sein Herzschlag, und sein ganzer Leib brannte und fror zugleich. Langsam wurde er blaß und sah das Fräulein flehend und angstvoll an.

»Sind Sie erschrocken?« lachte sie leise. »Ich glaube, Sie waren eingeschlafen?«

Er konnte nichts sagen. Sie hatte ihre Hand weggenommen, aber seine lag noch da und fühlte die Berührung noch immer. Er wünschte, sie wegzuziehen, aber er war so matt und verwirrt, daß er keinen Gedanken oder Entschluß fassen und nichts tun konnte, nicht einmal das.

Plötzlich erschreckte ihn ein ersticktes, ängstliches Geräusch, das er hinter sich vernahm. Er wurde frei und sprang tiefatmend auf. Auch Thusnelde war aufgestanden.

Da saß Berta tiefgebückt an ihrem Platz und schluchzte.

»Gehen Sie hinein«, sagte Thusnelde zu Paul, »wir kommen gleich nach.«

Und als Paul wegging, setzte sie noch hinzu: »Sie hat Kopfweh bekommen.«

»Komm, Berta. Es ist zu heiß hier, man erstickt ja vor Schwüle. Komm, nimm dich zusammen! Wir wollen ins Haus gehen.«

Berta gab keine Antwort. Ihr magerer Hals lag auf dem hellblauen Ärmel des leichten Backfischkleidchens, aus dem der dünne, eckige Arm mit dem breiten Handgelenk herabhing. Und sie weinte still und leise schluckend, bis sie nach einer langen Weile rot und verwundert sich aufrichtete, das Haar zurückstrich und langsam und mechanisch zu lächeln begann.

Paul fand keine Ruhe. Warum hatte Thusnelde ihre Hand so auf seine gelegt? War es nur ein Scherz gewesen? Oder wußte sie, wie seltsam weh das tat? Sooft er es sich wieder vorstellte, hatte er von neuem dasselbe Gefühl; ein erstickender Krampf vieler Nerven oder Adern, ein Druck und leichter Schwindel im Kopf, eine Hitze in der Kehle und ein lähmend ungleiches, wunderliches Wallen des Herzens, als sei der Puls unterbunden. Aber es war angenehm, so weh es tat.

Er lief am Hause vorbei zum Weiher und in den Obstgängen auf und ab. Indessen nahm die Schwüle stetig zu. Der Himmel hatte sich vollends ganz bezogen und sah gewitterig aus. Es ging kein Wind, nur hin und wieder im Gezweig ein feiner, zager Schauer, vor dem auch der fahle, glatte Spiegel des Weihers für Augenblicke kraus und silbern erzitterte.

Der kleine alte Kahn, der angebunden am Rasenufer lag, fiel dem Jungen ins Auge. Er stieg hinein und setzte sich auf die einzige noch vorhandene Ruderbank. Doch band er das Schifflein nicht los: es waren auch schon längst keine Ruder mehr da. Er tauchte die Hände ins Wasser, das war widerlich lau.

Unvermerkt überkam ihn eine grundlose Traurigkeit, die ihm ganz fremd war. Er kam sich wie in einem beklemmenden Traume vor – als könnte er, wenn er auch wollte, kein Glied rühren. Das fahle Licht, der dunkel bewölkte Himmel, der laue dunstige Teich und der alte, am Boden moosige Holznachen ohne Ruder, das sah alles unfroh, trist und elend aus, einer schweren, faden Trostlosigkeit hingegeben, die er ohne Grund teilte.

Er hörte Klavierspiel vom Hause herübertönen, undeutlich und leise. Nun waren also die andern drinnen, und wahrscheinlich spielte Papa ihnen vor. Bald erkannte Paul auch das Stück, es war aus Griegs Musik zum »Peer Gynt«, und er wäre gern hineingegangen. Aber er blieb sitzen, starrte über das träge Wasser weg und durch die müden, regungslosen Obstzweige in den fahlen Himmel. Er konnte sich nicht einmal wie sonst auf das Gewitter freuen, obwohl es sicher bald ausbrechen mußte, und das erste richtige in diesem Sommer sein würde.

Da hörte das Klavierspiel auf, und es war eine Weile ganz still. Bis ein paar zarte, wiegend laue Takte aufklangen, eine scheue und ungewöhnliche Musik. Und nun Gesang, eine Frauenstimme. Das Lied war Paul unbekannt, er hatte es nie gehört, er besann sich auch nicht darüber. Aber die Stimme kannte er, die leicht gedämpfte, ein wenig müde Stimme. Das war Thusnelde. Ihr Gesang war vielleicht nichts Besonderes, aber er traf und reizte den Knaben ebenso beklemmend und quälend wie die Berührung ihrer Hand. Er horchte, ohne sich zu rühren, und während er noch saß und horchte, schlugen die ersten trägen Regentropfen lau und schwer in den Weiher. Sie trafen seine Hände und sein Gesicht, ohne daß er es spürte. Er fühlte nur, daß etwas Drängendes, Gärendes, Gespanntes um ihn her oder auch in ihm selber sich verdichte und schwelle und Auswege suche. Zugleich fiel ihm eine Stelle aus dem »Ekkehard« ein, und in diesem Augenblick überraschte und erschreckte ihn plötzlich die sichere Erkenntnis. Er wußte, daß er Thusnelde lieb habe. Und zugleich wußte er, daß sie erwachsen und eine Dame war, er aber ein Schuljunge, und daß sie morgen abreisen würde.

Da klang – der Gesang war schon eine Weile verstummt – die helltönige Tischglocke, und Paul ging langsam zum Hause hinüber. Vor der Türe wischte er sich die Regentropfen von den Händen, strich das Haar zurück und tat einen tiefen Atemzug, als sei er im Begriff, einen schweren Schritt zu tun.

»Ach, nun regnet es doch schon«, klagte Berta. »Nun wird also nichts daraus?«

»Aus was denn?« fragte Paul, ohne vom Teller aufzublikken.

»Wir hatten ja doch – – Sie hatten mir versprochen, mich heut auf den Eichelberg zu führen.«

»Ja so. Nein, das geht bei dem Wetter freilich nicht.«

Halb sehnte sie sich danach, er möchte sie ansehen und eine Frage nach ihrem Wohlsein tun, halb war sie froh, daß er's nicht tat. Er hatte den peinlichen Augenblick unter der Weide, da sie in Tränen ausgebrochen war, völlig vergessen. Dieser plötzliche Ausbruch hatte ihm ohnehin wenig Eindruck gemacht und ihn nur in dem Glauben bestärkt, sie sei doch noch ein recht kleines Mädchen. Statt auf sie zu achten, schielte er beständig zu Fräulein Thusnelde hinüber.

Diese führte mit dem Hauslehrer, der sich seiner albernen Rolle von gestern schämte, ein lebhaftes Gespräch über Sportsachen. Es ging Herrn Homburger dabei wie vielen Leuten; er sprach über Dinge, von denen er nichts verstand, viel gefälliger und glatter als über solche, die ihm vertraut und wichtig waren. Meistens hatte die Dame das Wort, und er begnügte sich mit Fragen, Nicken, Zustimmen und pausenfüllenden Redensarten. Die etwas kokette Plauderkunst der jungen Dame enthob ihn seiner gewohnten dickblütigen Art; es gelang ihm sogar, als er beim Weineinschenken daneben goß, selber zu lachen und die Sache leicht und komisch zu nehmen. Seine mit Schlauheit eingefädelte Bitte jedoch, dem Fräulein nach Tisch ein Kapitel aus einem seiner Lieblingsbücher vorlesen zu dürfen, wurde zierlich abgelehnt.

»Du hast kein Kopfweh mehr, Kind?« fragte die Tante.

»O nein, gar nimmer«, sagte Berta halblaut. Aber sie sah noch elend genug aus.

»O ihr Kinder!« dachte die Tante, der auch Pauls erregte Unsicherheit nicht entgangen war. Sie hatte mancherlei Ahnungen und beschloß, die zwei jungen Leutchen nicht unnötig zu stören, wohl aber aufmerksam zu sein und Dummheiten zu verhüten. Bei Paul war es das erstemal, dessen war sie sicher. Wie lang noch, und er würde ihrer Fürsorge entwachsen sein und seine Wege ihrem Blick entziehen! – O ihr Kinder!

Draußen war es beinahe finster geworden. Der Regen rann und ließ nach mit den wechselnden Windstößen, das Gewitter zögerte noch, und der Donner klang noch meilenfern.

»Haben Sie Furcht vor Gewittern?« fragte Herr Homburger seine Dame.

»Im Gegenteil, ich weiß nichts Schöneres. Wir könnten nachher in den Pavillon gehen und zusehen. Kommst du mit, Berta?«

»Wenn du willst, ja, gern.«

»Und Sie also auch, Herr Kandidat? – Gut, ich freue mich darauf. Es ist in diesem Jahr das erste Gewitter, nicht?«

Gleich nach Tisch brachen sie mit Regenschirmen auf, zum nahen Pavillon. Berta nahm ein Buch mit.

»Willst du dich denen nicht anschließen, Paul?« ermunterte die Tante.

»Danke, nein. Ich muß eigentlich üben.«

Er ging in einem Wirrwarr von quellenden Gefühlen ins Klavierzimmer. Aber kaum hatte er zu spielen begonnen, er wußte selbst nicht was, so kam sein Vater herein.

»Junge, könntest du dich nicht um einige Zimmer weiter verfügen? Brav, daß du üben wolltest, aber alles hat seine Zeit, und wir älteren Semester möchten bei dieser Schwüle doch gern ein wenig zu schlafen versuchen. Auf Wiedersehen, Bub!«

Der Knabe ging hinaus und durchs Eßzimmer, über den Gang und zum Tor. Drüben sah er gerade die andern den Pavillon betreten. Als er hinter sich den leisen Schritt der Tante hörte, trat er rasch ins Freie und eilte mit unbedecktem Kopf, die Hände in den Taschen, durch den Regen davon. Der Donner nahm stetig zu, und erste scheue Blitze rissen zuckend durch das schwärzliche Grau.

Paul ging um das Haus herum und gegen den Weiher hin. Er fühlte mit trotzigem Leid den Regen durch seine Kleider dringen. Die noch nicht erfrischte, schwebende Luft erhitzte ihn, so daß er beide Hände und die halbentblößten Arme in die schwer fallenden Tropfen hielt. Nun saßen die andern vergnügt im Pavillon beisammen, lachten und schwatzten, und an ihn dachte niemand. Es zog ihn hinüber, doch überwog sein Trotz; hatte er einmal nicht mitkommen wollen, so wollte er ihnen auch nicht hinterdrein nachlaufen. Und Thusnelde hatte ihn ja überhaupt nicht aufgefordert. Sie hatte Berta und Herrn Homburger mitzukommen aufgefordert und ihn nicht. Warum ihn nicht?

Ganz durchnäßt kam er, ohne auf den Weg zu achten, ans Gärtnerhäuschen. Die Blitze jagten jetzt fast ohne Pause herab und quer durch den Himmel in phantastisch kühnen Linien, und der Regen rauschte lauter. Unter der Holztreppe des Gärtnerschuppens klirrte es auf, und mit verhaltenem Grollen kam der große Hofhund heraus. Als er Paul erkannte, drängte er sich fröhlich und schmeichelnd an ihn. Und Paul, in plötzlich überwallender Zärtlichkeit, legte ihm den Arm um den Hals, zog ihn in den dämmernden Treppenwinkel zurück und blieb dort bei ihm kauern und sprach und koste mit ihm, er wußte nicht wie lang.

Im Pavillon hatte Herr Homburger den eisernen Gartentisch an die gemauerte Rückwand geschoben, die mit einer italienischen Küstenlandschaft bemalt war. Die heiteren Farben, Blau, Weiß und Rosa, paßten schlecht in das Regengrau und schienen trotz der Schwüle zu frieren.

»Sie haben schlechtes Wetter für Erlenhof«, sagte Herr Homburger.

»Warum? Ich finde das Gewitter prächtig.«

»Und Sie auch, Fräulein Berta?«

»Oh, ich sehe es ganz gerne.«

Es machte ihn wütend, daß die Kleine mitgekommen war. Gerade jetzt, wo er anfing, sich mit der schönen Thusnelde besser zu verstehen.

»Und morgen werden Sie wirklich schon wieder reisen?«

»Warum sagen Sie das so tragisch?«

»Es muß mir doch leid tun.«

»Wahrhaftig?«

»Aber gnädiges Fräulein –«

Der Regen prasselte auf dem dünnen Dach und quoll in leidenschaftlichen Stößen aus den Mündungen der Traufen.

»Wissen Sie, Herr Kandidat, Sie haben da einen lieben

Jungen zum Schüler. Es muß ein Vergnügen sein, so einen zu unterrichten.«

»Ist das Ihr Ernst?«

»Aber gewiß. Er ist doch ein prächtiger Junge. – Nicht, Berta?«

»Oh, ich weiß nicht, ich sah ihn ja kaum.«

»Gefällt er dir denn nicht?«

»Ja, das schon. – O ja.«

»Was stellt das Wandbild da eigentlich vor, Herr Kandidat? Es scheint eine Rivieravedute?«

Paul war nach zwei Stunden ganz durchnäßt und todmüde heimgekommen, hatte ein kaltes Bad genommen und sich umgekleidet. Dann wartete er, bis die drei ins Haus zurückkehrten, und als sie kamen und als Thusneldes Stimme im Gang laut wurde, schrak er zusammen und bekam Herzklopfen. Dennoch tat er gleich darauf etwas, wozu er sich selber noch einen Augenblick zuvor den Mut nicht zugetraut hätte.

Als das Fräulein allein die Treppe heraufstieg, lauerte er ihr auf und überraschte sie im oberen Flur. Er trat auf sie zu und streckte ihr einen kleinen Rosenstrauß entgegen. Es waren wilde Heckenröschen, die er im Regen draußen abgeschnitten hatte.

»Ist das für mich?« fragte Thusnelde.

»Ja, für Sie.«

»Womit hab ich denn das verdient? Ich fürchtete schon, Sie könnten mich gar nicht leiden.«

»Oh, Sie lachen mich ja nur aus.«

»Gewiß nicht, lieber Paul. Und ich danke schön für die Blumen. Wilde Rosen, nicht?«

»Hagrosen.«

»Ich will eine davon anstecken, nachher.« Dann ging sie

weiter nach ihrem Zimmer. Am Abend blieb man diesmal in der Halle sitzen. Es hatte schön abgekühlt, und draußen fielen noch die Tropfen von den blankgespülten Zweigen. Man hatte im Sinn gehabt zu musizieren, aber der Professor wollte lieber die paar Stunden noch mit Abderegg verplaudern. So saßen nun alle bequem in dem großen Raum, die Herren rauchten, und die jungen Leute hatten Limonadebecher vor sich stehen.

Die Tante sah mit Berta ein Album an und erzählte ihr alte Geschichten. Thusnelde war guter Laune und lachte viel. Den Hauslehrer hatte das lange erfolglose Reden im Pavillon stark mitgenommen, er war wieder nervös und zuckte leidend mit den Gesichtsmuskeln. Daß sie jetzt so lächerlich mit dem Büblein Paul kokettierte, fand er geschmacklos, und er suchte wählerisch nach einer Form, ihr das zu sagen.

Paul war der lebhafteste von allen. Daß Thusnelde seine Rosen im Gürtel trug und daß sie »lieber Paul« zu ihm gesagt hatte, war ihm wie Wein zu Kopf gestiegen. Er machte Witze, erzählte Geschichten, hatte glühende Backen und ließ den Blick nicht von seiner Dame, die sich seine Huldigung so graziös gefallen ließ. Dabei rief es im Grund seiner Seele ohne Unterlaß: »Morgen geht sie fort! morgen geht sie fort!« und je lauter und schmerzlicher es rief, desto sehnlicher klammerte er sich an den schönen Augenblick, und desto lustiger redete er darauf los.

Herr Abderegg, der einen Augenblick herüberhorchte, rief lachend: »Paul, du fängst früh an!«

Er ließ sich nicht stören. Für Augenblicke faßte ihn ein drängendes Verlangen, hinauszugehen, den Kopf an den Türpfosten zu lehnen und zu schluchzen. Aber nein, nein!

Währenddessen hatte Berta mit der Tante »Du« gemacht

und gab sich dankbar unter ihren Schutz. Es lag wie eine Last auf ihr, daß Paul von ihr allein nichts wissen wollte, daß er den ganzen Tag kaum ein Wort an sie gerichtet hatte, und müde und unglücklich überließ sie sich der gütigen Zärtlichkeit der Tante.

Die beiden alten Herren überboten einander im Aufwärmen von Erinnerungen und spürten kaum etwas davon, daß neben ihnen junge unausgesprochene Leidenschaften sich kreuzten und bekämpften.

Herr Homburger fiel mehr und mehr ab. Daß er hin und wieder eine schwach vergiftete Pointe ins Gespräch warf, wurde kaum beachtet, und je mehr die Bitterkeit und Auflehnung in ihm wuchs, desto weniger wollte es ihm gelingen, Worte zu finden. Er fand es kindisch, wie Paul sich gehen ließ, und unverzeihlich, wie das Fräulein darauf einging. Am liebsten hätte er gute Nacht gesagt und wäre gegangen. Aber das mußte aussehen wie ein Geständnis, daß er sein Pulver verschossen habe und kampfunfähig sei. Lieber blieb er da und trotzte. Und so widerwärtig ihm Thusneldes ausgelassen spielerisches Wesen heute abend war, so hätte er sich doch vom Anblick ihrer weichen Gesten und ihres schwach geröteten Gesichtes jetzt nicht trennen mögen.

Thusnelde durchschaute ihn und gab sich keine Mühe, ihr Vergnügen über Pauls leidenschaftliche Aufmerksamkeiten zu verbergen, schon weil sie sah, daß es den Kandidaten ärgerte. Und dieser, der in keiner Hinsicht ein Kraftmensch war, fühlte langsam seinen Zorn in jene weichlich trübe, faule Resignation übergehen, mit der bis jetzt fast alle seine Liebesversuche geendet hatten. War er denn je von einem Weib verstanden und nach seinem Wert geschätzt worden? Oh, aber er war Künstler genug, um auch die Enttäuschung, den Schmerz, das Einsambleiben mit allen ihren verborgensten Reizen zu genießen. Wenn auch mit zuckender Lippe, er genoß es doch; und wenn auch verkannt und verschmäht, er war doch der Held in der Szene, der Träger einer stummen Tragik, lächelnd mit dem Dolch im Herzen.

Man trennte sich erst spät. Als Paul in sein kühles Schlafzimmer trat, sah er durchs offene Fenster den beruhigten Himmel mit stillstehenden, milchweißen Flaumwölkchen bedeckt; durch ihre dünnen Flore drang das Mondlicht weich und stark und spiegelte sich tausendmal in den nassen Blättern der Parkbäume. Fern über den Hügeln, nicht weit vom dunklen Horizont, leuchtete schmal und langgestreckt wie eine Insel ein Stück reinen Himmels feucht und milde, darin ein einziger blasser Stern.

Der Knabe blickte lange hinaus und sah es nicht, sah nur ein bleiches Wogen und fühlte reine, frisch gekühlte Lüfte um sich her, hörte niegehörte, tiefe Stimmen wie entfernte Stürme brausen und atmete die weiche Luft einer anderen Welt. Vorgebeugt stand er am Fenster und schaute, ohne etwas zu sehen, wie ein Geblendeter, und vor ihm ungewiß und mächtig ausgebreitet lag das Land des Lebens und der Leidenschaften, von heißen Stürmen durchzittert und von dunkelschwülem Gewölk verschattet.

Die Tante war die letzte, die zu Bett ging. Wachsam hatte sie noch Türen und Läden revidiert, nach den Lichtern gesehen und einen Blick in die dunkle Küche getan, dann war sie in ihre Stube gegangen und hatte sich beim Kerzenlicht in den altmodischen Sessel gesetzt. Sie wußte ja nun, wie es um den Kleinen stand, und sie war im Innersten froh, daß morgen die Gäste wieder reisen wollten. Wenn nur auch alles gut ablief! Es war doch eigen, so ein Kind von heut auf morgen zu verlieren. Denn daß Pauls Seele ihr nun entgleiten und mehr und mehr undurchsichtig werden müsse, wußte sie wohl, und sie sah ihn mit Sorge seine ersten, knabenhaften Schritte in den Garten der Liebe tun, von dessen Früchten sie selber zu ihrer Zeit nur wenig und fast nur die bitteren gekostet hatte. Dann dachte sie an Berta, seufzte und lächelte ein wenig und suchte dann lange in ihren Schubladen nach einem tröstenden Abschiedsgeschenk für die Kleine. Dabei erschrak sie plötzlich, als sie sah, wie spät es schon war.

Über dem schlafenden Haus und dem dämmernden Garten standen ruhig die milchweißen, flaumig dünnen Wolken, die Himmelsinsel am Horizont wuchs langsam zu einem weiten, reinen, dunkelklaren Felde, zart von schwachglänzenden Sternen durchglüht, und über die entferntesten Hügel lief eine milde, schmale Silberlinie, sie vom Himmel trennend. Im Garten atmeten die erfrischten Bäume tief und rastend, und auf der Parkwiese wechselte mit dünnen, wesenlosen Wolkenschatten der schwarze Schattenkreis der Blutbuche.

Die sanfte, noch von Feuchtigkeit gesättigte Luft dampfte leise gegen den völlig klaren Himmel. Kleine Wasserlachen standen auf dem Kiesplatz und auf der Landstraße, blitzten golden oder spiegelten die zarte Bläue. Knirschend fuhr der Wagen vor, und man stieg ein. Der Kandidat machte mehrere tiefe Bücklinge, die Tante nickte liebevoll und drückte noch einmal allen die Hände, die Hausmädchen sahen vom Hintergrunde des Flurs der Abfahrt zu.

Paul saß im Wagen Thusnelde gegenüber und spielte den Fröhlichen. Er lobte das gute Wetter, sprach rühmend von köstlichen Ferientouren in die Berge, die er vorhabe, und sog jedes Wort und jedes Lachen des Mädchens gierig ein. Am frühen Morgen war er mit schlechtem Gewissen in den Garten geschlichen und hatte in dem peinlich geschonten

Lieblingsbeet seines Vaters die prächtigste halboffene Teerose abgeschnitten. Die trug er nun, zwischen Seidenpapier gelegt, versteckt in der Brusttasche und war beständig in Sorge, er könnte sie zerdrücken. Ebenso bang war ihm vor der Möglichkeit einer Entdeckung durch den Vater.

Die kleine Berta war ganz still und hielt den blühenden Jasminzweig vors Gesicht, den ihr die Tante mitgegeben hatte. Sie war im Grunde fast froh, nun fortzukommen.

»Soll ich Ihnen einmal eine Karte schicken?« fragte Thusnelde munter.

»O ja, vergessen Sie es nicht! Das wäre schön.«

Und dann fügte er hinzu: »Aber Sie müssen dann auch unterschreiben, Fräulein Berta.«

Sie schrak ein wenig zusammen und nickte.

»Also gut, hoffentlich denken wir auch daran«, sagte Thusnelde.

»Ja, ich will dich dann erinnern.«

Da war man schon am Bahnhof. Der Zug sollte erst in einer Viertelstunde kommen. Paul empfand diese Viertelstunde wie eine unschätzbare Gnadenfrist. Aber es ging ihm sonderbar; seit man den Wagen verlassen hatte und vor der Station auf und ab spazierte, fiel ihm kein Witz und kein Wort mehr ein. Er war plötzlich bedrückt und klein, sah oft auf die Uhr und horchte, ob der kommende Zug schon zu hören sei. Erst im letzten Augenblick zog er seine Rose hervor und drückte sie noch an der Wagentreppe dem Fräulein in die Hand. Sie nickte ihm fröhlich zu und stieg ein. Dann fuhr der Zug ab, und alles war aus.

Vor der Heimfahrt mit dem Papa graute ihm, und als dieser schon eingestiegen war, zog er den Fuß wieder vom Tritt zurück und meinte: »Ich hätte eigentlich Lust, zu Fuß heimzugehen.«

»Schlechtes Gewissen, Paulchen?«

»O nein, Papa, ich kann ja auch mitkommen.«

Aber Herr Abderegg winkte lachend ab und fuhr allein davon. – »Er soll's nur ausfressen«, knurrte er unterwegs vor sich hin, »umbringen wird's ihn nicht.« Und er dachte, seit Jahren zum erstenmal, an sein erstes Liebesabenteuer und war verwundert, wie genau er alles noch wußte. Nun war also schon die Reihe an seinem Kleinen! Aber es gefiel ihm, daß der Kleine die Rose gestohlen hatte. Er hatte sie wohl gesehen.

Zu Hause blieb er einen Augenblick vor dem Bücherschrank im Wohnzimmer stehen. Er nahm den Werther heraus und steckte ihn in die Tasche, zog ihn aber gleich darauf wieder heraus, blätterte ein wenig darin herum, begann ein Lied zu pfeifen und stellte das Büchlein an seinen Ort zurück.

Mittlerweile lief Paul auf der warmen Landstraße heimwärts und war bemüht, sich das Bild der schönen Thusnelde immer wieder vorzustellen. Erst als er heiß und erschlafft die Parkhecke erreicht hatte, öffnete er die Augen und besann sich, was er nun treiben solle. Da zog ihn die plötzlich aufblitzende Erinnerung unwiderstehlich zur Trauerweide hin. Er suchte den Baum mit heftig wallendem Verlangen auf, schlüpfte durch die tiefhängenden Zweige und setzte sich auf dieselbe Stelle der Bank, wo er gestern neben Thusnelde gesessen war und wo sie ihre Hand auf seine gelegt hatte. Er schloß die Augen, ließ die Hand auf dem Holze liegen und fühlte noch einmal den ganzen Sturm, der gestern ihn gepackt und berauscht und gepeinigt hatte. Flammen wogten um ihn, und Meere rauschten, und heiße Ströme zitterten sausend auf purpurnen Flügeln vorüber.

Paul saß noch nicht lange auf seinem Platz, so klangen

Schritte, und jemand trat herzu. Er blickte verwirrt auf, aus hundert Träumen gerissen und sah den Herrn Homburger vor sich stehen.

»Ah, Sie sind da, Paul? Schon lange?«

»Nein, ich war ja mit an der Bahn. Ich kam zu Fuß zurück.«

»Und nun sitzen Sie hier und sind melancholisch.«

»Ich bin nicht melancholisch.«

»Also nicht. Ich habe Sie zwar schon munterer gesehen.«

Paul antwortete nicht.

»Sie haben sich ja sehr um die Damen bemüht.«

»Finden Sie?«

»Besonders um die eine. Ich hätte eher gedacht, Sie würden dem jüngeren Fräulein den Vorzug geben.«

»Dem Backfisch? Hm.«

»Ganz richtig, dem Backfisch.«

Da sah Paul, daß der Kandidat ein fatales Grinsen aufgesetzt hatte, und ohne noch ein Wort zu sagen, kehrte er sich um und lief davon, mitten über die Wiese.

Mittags bei Tisch ging es sehr ruhig zu.

»Wir scheinen ja alle ein wenig müde zu sein«, lächelte Herr Abderegg. »Auch du, Paul. Und Sie, Herr Homburger? Aber es war eine angenehme Abwechslung, nicht?«

»Gewiß, Herr Abderegg.«

»Sie haben sich mit dem Fräulein gut unterhalten? Sie soll ja riesig belesen sein.«

»Darüber müßte Paul unterrichtet sein. Ich hatte leider nur für Augenblicke das Vergnügen.«

»Was sagst du dazu, Paul?«

»Ich? Von wem sprecht ihr denn?«

»Von Fräulein Thusnelde, wenn du nichts dagegen hast. Du scheinst einigermaßen zerstreut zu sein –«

»Ach, was wird der Junge sich viel um die Damen gekümmert haben«, fiel die Tante ein.

Es wurde schon wieder heiß. Der Vorplatz strahlte Hitze aus, und auf der Straße waren die letzten Regenpfützen vertrocknet. Auf ihrer sonnigen Wiese stand die alte Blutbuche, von warmem Licht umflossen, und auf einem ihrer starken Äste saß der junge Paul Abderegg, an den Stamm gelehnt und ganz von rötlich dunkeln Laubschatten umfangen. Das war ein alter Lieblingsplatz des Knaben, er war dort vor jeder Überraschung sicher. Dort auf dem Buchenast hatte er heimlicherweise im Herbst vor drei Jahren die »Räuber« gelesen, dort hatte er seine erste halbe Zigarre geraucht, und dort hatte er damals das Spottgedicht auf seinen früheren Hauslehrer gemacht, bei dessen Entdeckung sich die Tante so furchtbar aufgeregt hatte. Er dachte an diese und andere Streiche mit einem überlegenen, nachsichtigen Gefühl, als wäre das alles vor Urzeiten gewesen. Kindereien, Kindereien!

Mit einem Seufzer richtete er sich auf, kehrte sich behutsam im Sitze um, zog sein Taschenmesser heraus und begann am Stamm zu ritzen. Es sollte ein Herz daraus werden, das den Buchstaben T umschloß, und er nahm sich vor, es schön und sauber auszuschneiden, wenn er auch mehrere Tage dazu brauchen sollte.

Noch am selben Abend ging er zum Gärtner hinüber, um sein Messer schleifen zu lassen. Er trat selber das Rad dazu. Auf dem Rückweg setzte er sich eine Weile in das alte Boot, plätscherte mit der Hand im Wasser und suchte sich auf die Melodie des Liedes zu besinnen, das er gestern von hier aus hatte singen hören. Der Himmel war halb verwölkt, und es sah aus, als werde in der Nacht schon wieder ein Gewitter kommen.

(1905)

Die Verlobung

In der Hirschengasse gibt es einen bescheidenen Weißwarenladen, der gleich seiner Nachbarschaft noch unberührt von den Veränderungen der neuen Zeit dasteht und hinreichenden Zuspruch hat. Man sagt dort noch beim Abschied zu jedem Kunden, auch wenn er seit zwanzig Jahren regelmäßig kommt, die Worte: »Schenken Sie mir die Ehre ein andermal wieder«, und es gehen dort noch zwei oder drei alte Käuferinnen ab und zu, die ihren Bedarf an Band und Litzen in Ellen verlangen und auch im Ellenmaß bedient werden. Die Bedienung wird von einer ledig gebliebenen Tochter des Hauses und einer angestellten Verkäuferin besorgt, der Besitzer selbst ist von früh bis spät im Laden und stets geschäftig, doch redet er niemals ein Wort. Er kann nun gegen siebzig alt sein, ist von sehr kleiner Statur, hat nette rosige Wangen und einen kurz geschnittenen grauen Bart, auf dem vielleicht längst kahlen Kopfe aber trägt er allezeit eine runde steife Mütze mit stramingestickten Blumen und Mäandern. Er heißt Andreas Ohngelt und gehört zur echten, ehrwürdigen Altbürgerschaft der Stadt.

Dem schweigsamen Kaufmännlein sieht niemand etwas Besonderes an, es sieht sich seit Jahrzehnten gleich und scheint ebensowenig älter zu werden, als jemals jünger gewesen zu sein. Doch war auch Andreas Ohngelt einmal ein Knabe und ein Jüngling, und wenn man alte Leute fragt, kann man erfahren, daß er vorzeiten »der kleine Ohngelt« geheißen wurde und eine gewisse Berühmtheit wider Willen genoß. Einmal, vor etwa fünfunddreißig Jahren, hat er sogar eine »Geschichte« erlebt, die früher jedem Gerbersauer geläufig war, wenn sie auch jetzt niemand mehr erzählen und hören will. Das war die Geschichte seiner Verlobung.

Der junge Andreas war schon in der Schule aller Rede und Geselligkeit abgeneigt, er fühlte sich überall überflüssig und von jedermann beobachtet und war ängstlich und bescheiden genug, jedem andern im voraus nachzugeben und das Feld zu räumen. Vor den Lehrern empfand er einen abgründigen Respekt, vor den Kameraden eine mit Bewunderung gemischte Furcht. Man sah ihn nie auf der Gasse und auf den Spielplätzen, nur selten beim Bad im Fluß, und im Winter zuckte er zusammen und duckte sich, sobald er einen Knaben eine Handvoll Schnee aufheben sah. Dafür spielte er daheim vergnügt und zärtlich mit den hinterbliebenen Puppen seiner älteren Schwester und mit einem Kaufladen, auf dessen Waage er Mehl, Salz und Sand abwog und in kleine Tüten verpackte, um sie später wieder gegeneinander zu vertauschen, auszuleeren, umzupacken und wieder zu wiegen. Auch half er seiner Mutter gern bei leichter Hausarbeit, machte Einkäufe für sie oder suchte im Gärtlein die Schnekken vom Salat.

Seine Schulkameraden plagten und hänselten ihn zwar häufig, aber da er nie zornig wurde und fast nichts übelnahm, hatte er im ganzen doch ein leichtes und ziemlich zufriedenes Leben. Was er an Freundschaft und Gefühl bei seinesgleichen nicht fand und nicht weggeben durfte, das gab er seinen Puppen. Den Vater hatte er früh verloren, er war ein Spätling gewesen, und die Mutter hätte ihn wohl anders gewünscht, ließ ihn aber gewähren und hatte für seine fügsame Anhänglichkeit eine etwas mitleidige Liebe.

Dieser leidliche Zustand hielt jedoch nur so lange an, bis der kleine Andreas aus der Schule und aus der Lehre war, die er am obern Markt im Dierlammschen Geschäft abdiente.

Um diese Zeit, etwa von seinem siebzehnten Jahre an, fing sein nach Zärtlichkeiten dürstendes Gemüt andere Wege zu gehen an. Der klein und schüchtern gebliebene Jüngling begann mit immer größeren Augen nach den Mädchen zu schauen und errichtete in seinem Herzen einen Altar der Frauenliebe, dessen Flamme desto höher loderte, je trauriger seine Verliebtheiten verliefen.

Zum Kennenlernen und Beschauen von Mädchen jeden Alters war reichliche Gelegenheit vorhanden, denn der junge Ohngelt war nach Ablauf seiner Lehrzeit in den Weißwarenladen seiner Tante eingetreten, den er später einmal übernehmen sollte. Da kamen Kinder, Schulmädchen, junge Fräulein und alte Jungfern, Mägde und Frauen tagaus, tagein, kramten in Bändern und Linnen, wählten Besätze und Stickmuster aus, lobten und tadelten, feilschten und wollten beraten sein, ohne doch auf Rat zu hören, kauften und tauschten das Gekaufte wieder um. Alledem wohnte der Jüngling höflich und schüchtern bei, er zog Schubladen heraus, stieg die Bockleiter hinauf und herunter, legte vor und packte wieder ein, notierte Bestellungen und gab über Preise Auskunft, und alle acht Tage war er in eine andere von seinen Kundinnen verliebt. Errötend pries er Litzen und Wolle an, zitternd quittierte er Rechnungen, mit Herzklopfen hielt er die Ladentür und sagte den Spruch vom Wiederbeehren, wenn eine schöne Junge hoffärtig das Geschäft verließ.

Um seinen Schönen recht gefällig und angenehm zu sein, gewöhnte Andreas sich feine und sorgfältige Manieren an. Er frisierte sein hellblondes Haar jeden Morgen sorgfältig, hielt seine Kleider und Leibwäsche sehr sauber und sah dem allmählichen Erscheinen eines Schnurrbärtchens mit Ungeduld entgegen. Er lernte beim Empfang seiner Kunden elegante Verneigungen machen, lernte beim Vorlegen der

Zeuge sich mit dem linken Handrücken auf den Ladentisch stützen und nur auf anderthalb Beinen stehen und brachte es zur Meisterschaft im Lächeln, das er bald vom diskreten Schmunzeln bis zum innig glücklichen Strahlen beherrschte. Außerdem war er stets auf der Jagd nach neuen schönen Phrasen, die zumeist aus Umstandsworten bestanden und deren er immer neue und köstlichere erlernte und erfand. Da er von Hause aus im Sprechen unbeholfen und ängstlich war und schon früher nur selten einen vollkommenen Satz mit Subjekt und Prädikat ausgesprochen hatte, fand er nun in diesem sonderbaren Wortschatz eine Hilfe und gewöhnte sich daran, unter Verzicht auf Sinn und Verständlichkeit sich und andern eine Art von Sprechvermögen vorzutäuschen.

Sagte jemand: »Heut ist aber ein Prachtswetter«, so antwortete der kleine Ohngelt: »Gewiß – o ja – denn, mit Verlaub – allerdings –.« Fragte eine Käuferin, ob dieser Leinenstoff auch haltbar sei, so sagte er: »O bitte, ja, ohne Zweifel, sozusagen, ganz gewiß.« Und erkundigte sich jemand nach seinem Befinden, so erwiderte er: »Danke gehorsamst – freilich wohl – sehr angenehm –.« In besonders wichtigen und ehrenvollen Lagen scheute er auch vor Ausdrücken wie »nichtsdestoweniger, aber immerhin, keinesfalls hingegen« nicht zurück. Dabei waren alle seine Glieder vom geneigten Kopf bis zur wippenden Fußspitze ganz Aufmerksamkeit, Höflichkeit und Ausdruck. Am ausdrucksvollsten aber sprach sein verhältnismäßig langer Hals, der mager und sehnig und mit einem erstaunlich großen und beweglichen Adamsapfel ausgestattet war. Wenn der kleine schmachtende Ladengehilfe eine seiner Antworten im Stakkato gab, hatte man den Eindruck, er bestehe zu einem Drittel aus Kehlkopf.

Die Natur verteilt ihre Gaben nicht ohne Sinn, und wenn der bedeutende Hals des Ohngelt in einem Mißverhältnis zu dessen Redefähigkeit stehen mochte, so war er als Eigentum und Wahrzeichen eines leidenschaftlichen Sängers desto berechtigter. Andreas war in hohem Grade ein Freund des Gesanges. Auch beim wohlgelungensten Kompliment, bei der feinsten kaufmännischen Gebärde, beim gerührtesten »Immerhin« und »Wennschon« war ihm vielleicht im Innersten der Seele nicht so schmelzend wohl wie beim Singen. Dieses Talent war in den Schulzeiten verborgen geblieben, kam aber nach vollendetem Stimmbruch zu immer schönerer Entfaltung, wenn auch nur im geheimen. Denn es hätte zu der ängstlich scheuen Befangenheit Ohngelts nicht gepaßt, daß er seiner heimlichen Lust und Kunst anders als in der sichersten Verborgenheit froh geworden wäre.

Am Abend, wenn er zwischen Mahlzeit und Bettgehen ein Stündlein in seiner Kammer verweilte, sang er im Dunkeln seine Lieder und schwelgte in lyrischen Entzückungen. Seine Stimme war ein ziemlich hoher Tenor, und was ihm an Schulung gebrach, suchte er durch Temperament zu ersetzen. Sein Auge schwamm in feuchtem Schimmer, sein schön gescheiteltes Haupt neigte sich rückwärts zum Nacken, und sein Adamsapfel stieg mit den Tönen auf und nieder. Sein Lieblingslied war »Wenn die Schwalben heimwärts ziehn«. Bei der Strophe »Scheiden, ach Scheiden tut weh« hielt er die Töne lang und zitternd aus und hatte manchmal Tränen in den Augen.

In seiner geschäftlichen Laufbahn kam er mit schnellen Schritten vorwärts. Es hatte der Plan bestanden, ihn noch einige Jahre nach einer größeren Stadt zu schicken. Nun aber machte er sich im Geschäft der Tante bald so unentbehrlich, daß diese ihn nicht mehr fortlassen wollte, und da er später den Laden erblich übernehmen sollte, war sein äußeres Wohlergehen für alle Zeiten gesichert. Anders stand es mit der Sehnsucht seines Herzens. Er war für alle Mädchen seines Alters, namentlich für die hübschen, trotz seiner Blicke und Verbeugungen nichts als eine komische Figur. Der Reihe nach war er in sie alle verliebt, und er hätte jede genommen, die ihm nur einen Schritt entgegen getan hätte. Aber den Schritt tat keine, obwohl er nach und nach seine Sprache um die gebildetsten Phrasen und seine Toilette um die angenehmsten Gegenstände bereicherte.

Eine Ausnahme gab es wohl, allein er bemerkte sie kaum. Das Fräulein Paula Kircher, das Kircherspäule genannt, war immer nett gegen ihn und schien ihn ernst zu nehmen. Sie war freilich weder jung noch hübsch, vielmehr einige Jahre älter als er und ziemlich unscheinbar, sonst aber ein tüchtiges und geachtetes Mädchen aus einer wohlhabenden Handwerkerfamilie. Wenn Andreas sie auf der Straße grüßte, dankte sie nett und ernsthaft, und wenn sie in den Laden kam, war sie freundlich, einfach und bescheiden, machte ihm das Bedienen leicht und nahm seine geschäftsmännischen Aufmerksamkeiten wie bare Münze hin. Daher sah er sie nicht ungern und hatte Vertrauen zu ihr, im übrigen aber war sie ihm recht gleichgültig, und sie gehörte zu der geringen Anzahl lediger Mädchen, für die er außerhalb seines Ladens keinen Gedanken übrig hatte.

Bald setzte er seine Hoffnungen auf feine, neue Schuhe, bald auf ein nettes Halstuch, ganz abgesehen vom Schnurrbart, der allmählich sproßte und den er wie seinen Augapfel pflegte. Endlich kaufte er sich von einem reisenden Handelsmann auch noch einen Ring aus Gold mit einem großen Opal daran. Damals war er sechsundzwanzig Jahre alt.

Als er aber dreißig wurde und noch immer den Hafen

der Ehe nur in sehnsüchtiger Ferne umsegelte, hielten Mutter und Tante es für notwendig, fördernd einzugreifen. Die Tante, die schon recht hoch in den Jahren war, machte den Anfang mit dem Angebot, sie wolle ihm noch zu ihren Lebzeiten das Geschäft abtreten, jedoch nur am Tage seiner Verheiratung mit einer unbescholtenen Gerbersauer Tochter. Dies war denn auch für die Mutter das Signal zum Angriff. Nach manchen Überlegungen kam sie zu dem Befund, ihr Sohn müsse in einen Verein eintreten, um mehr unter Leute zu kommen und den Umgang mit Frauen zu lernen. Und da sie seine Liebe zur Sangeskunst wohl kannte, dachte sie ihn an dieser Angel zu fangen und legte ihm nahe, sich beim Liederkranz als Mitglied anzumelden.

Trotz seiner Scheu vor Geselligkeit war Andreas in der Hauptsache einverstanden. Doch schlug er statt des Liederkranzes den Kirchengesangverein vor, weil ihm die ernstere Musik besser gefalle. Der wahre Grund war aber der, daß dem Kirchengesangverein Margret Dierlamm angehörte. Diese war die Tochter von Ohngelts früherem Lehrprinzipal, ein sehr hübsches und fröhliches Mädchen von wenig mehr als zwanzig Jahren, und in sie war Andreas seit neuestem verliebt, da es schon seit geraumer Zeit keine ledigen Altersgenossinnen mehr für ihn gab, wenigstens keine hübschen. Die Mutter hatte gegen den Kirchengesangverein nichts Triftiges einzuwenden. Zwar hatte dieser Verein nicht halb soviel gesellige Abende und Festlichkeiten wie der Liederkranz, dafür war aber die Mitgliedschaft hier viel wohlfeiler, und Mädchen aus guten Häusern, mit denen Andreas bei Proben und Aufführungen zusammenkommen würde, gab es auch hier genug. So ging sie denn ungesäumt mit dem Herrn Sohn zum Vorstande, einem greisen Schullehrer, der sie freundlich empfing.

»So, Herr Ohngelt«, sagte er, »Sie wollen bei uns mitsingen?«

»Ja, gewiß, bitte –«

»Haben Sie denn schon früher gesungen?«

»O ja, das heißt, gewissermaßen –«

»Nun, machen wir eine Probe. Singen Sie irgendein Lied, das Sie auswendig können.«

Ohngelt wurde rot wie ein Knabe und wollte um alles nicht anfangen. Aber der Lehrer bestand darauf und wurde schließlich fast böse, so daß er am Ende doch sein Bangen überwand und mit einem resignierten Blick auf die ruhig dasitzende Mutter sein Leiblied anstimmte. Es riß ihn mit, und er sang den ersten Vers ohne Stocken.

Der Dirigent winkte, es sei genug. Er war wieder ganz höflich und sagte, das sei allerdings sehr nett gesungen und man merke, daß es con amore geschehe, allein vielleicht wäre er doch mehr für die weltliche Musik veranlagt, ob er es nicht etwa beim Liederkranze probieren wolle. Schon wollte Herr Ohngelt eine verlegene Antwort stammeln, da legte seine Mutter sich für ihn ins Zeug. Er singe wirklich schön, meinte sie, und sei jetzt nur ein wenig verlegen gewesen, und es wäre ihr gar so lieb, wenn er ihn aufnähme, der Liederkranz sei doch etwas ganz anderes und nicht so fein, und sie gebe auch jedes Jahr für die Kirchenbescherung, und kurz, wenn der Herr Lehrer so gut sein wolle, wenigstens für eine Probezeit, man werde ja alsdann schon sehen. Der alte Mann versuchte noch zweimal begütigend davon zu reden, daß das Kirchensingen kein Spaß sei und daß es ohnehin schon so eng hergehe auf dem Orgelpodium, aber die mütterliche Beredsamkeit siegte zuletzt doch. Es war dem bejahrten Dirigenten noch nie vorgekommen, daß ein Mann von über dreißig Jahren sich zum Mitsingen gemeldet und seine Mutter zum Beistand mitgebracht hatte. So ungewohnt und eigentlich unbequem ihm dieser Zuwachs zu seinem Chore war, machte ihm die Sache im stillen doch ein Vergnügen, wenn auch nicht um der Musik willen. Er bestellte Andreas zur nächsten Probe und ließ die beiden lächelnd ziehen.

Am Mittwoch abend fand sich der kleine Ohngelt pünktlich in der Schulstube ein, wo die Proben abgehalten wurden. Man übte einen Choral für das Osterfest. Die allmählich ankommenden Sänger und Sängerinnen begrüßten das neue Mitglied sehr freundlich und hatten alle ein so aufgeräumtes und heiteres Wesen, daß Ohngelt sich selig fühlte. Auch Margret Dierlamm war da, und auch sie nickte dem Neuen mit freundlichem Lächeln zu. Wohl hörte er manchmal hinter sich leise lachen, doch war er ja gewöhnt, ein wenig komisch genommen zu werden, und ließ es sich nicht anfechten. Was ihn hingegen befremdete, war das zurückhaltend ernste Betragen des Kircherspäule, das ebenfalls anwesend war und, wie er bald bemerkte, sogar zu den geschätzteren Sängerinnen gehörte. Sie hatte sonst immer eine wohltuende Freundlichkeit gegen ihn gezeigt, und jetzt war gerade sie merkwürdig kühl und schien beinahe Anstoß daran zu nehmen, daß er hier eingedrungen war. Aber was ging ihn das Kircherspäule an?

Beim Singen verhielt sich Ohngelt überaus vorsichtig. Wohl hatte er von der Schule her noch eine leise Ahnung vom Notenwesen, und manche Takte sang er mit gedämpfter Stimme den andern nach, im ganzen aber fühlte er sich seiner Kunst wenig sicher und hegte bange Zweifel daran, ob das jemals anders werden würde. Der Dirigent, den seine Verlegenheit lächerte und rührte, schonte ihn und sagte beim Abschied sogar: »Es wird mit der Zeit schon gehen, wenn Sie sich dranhalten.« Den ganzen Abend aber hatte Andreas das Vergnügen, in Margrets Nähe sein und sie häufig anschauen zu dürfen. Er dachte daran, daß bei dem öffentlichen Singen vor und nach dem Gottesdienst auf der Orgel die Tenöre gerade hinter den Mädchen aufgestellt waren, und malte sich die Wonne aus, am Osterfest und bei allen künftigen Anlässen so nahe bei Fräulein Dierlamm zu stehen und sie ungescheut betrachten zu können. Da fiel ihm zu seinem Schmerze wieder ein, wie klein und niedrig er gewachsen war, und daß er zwischen den andern Sängern stehend nichts würde sehen können. Mit großer Mühe und vielem Stottern machte er einem der Mitsinger diese seine künftige Notlage auf der Orgel klar, natürlich ohne den wahren Grund seines Kummers zu nennen. Da beruhigte ihn der Kollege lachend und meinte, er werde ihm schon zu einer ansehnlichen Aufstellung verhelfen können.

Nach dem Schluß der Probe lief alles davon, kaum daß man einander grüßte. Einige Herren begleiteten Damen nach Hause, andere gingen miteinander zu einem Glas Bier. Ohngelt blieb allein und kläglich auf dem Platze vor dem finsteren Schulhause stehen, sah den andern und namentlich der Margret beklommen nach und machte ein enttäuschtes Gesicht, da kam das Kircherspäule an ihm vorbei, und als er den Hut zog, sagte sie: »Gehen Sie heim? Dann haben wir ja einen Weg und können miteinander gehen.« Dankbar schloß er sich an und lief neben ihr her durch die feuchten, märzkühlen Gassen heimwärts, ohne mehr Worte als den Gutenachtgruß mit ihr zu tauschen.

Am nächsten Tag kam Margret Dierlamm in den Laden, und er durfte sie bedienen. Er faßte jeden Stoff an, als wäre er Seide, und bewegte den Maßstab wie einen Fiedelbogen, er legte Gefühl und Anmut in jede kleine Dienstleistung, und leise wagte er zu hoffen, sie würde ein Wort von gestern und vom Verein und von der Probe sagen. Richtig tat sie das auch. Gerade noch unter der Türe fragte sie: »Es war mir ganz neu, daß Sie auch singen, Herr Ohngelt. Singen Sie denn schon lang?« Und während er unter Herzklopfen hervorstieß: »Ja – vielmehr nur so – mit Verlaub«, entschwand sie leicht nickend in die Gasse.

»Schau, schau!« dachte er bei sich und spann Zukunftsträume, ja er verwechselte beim Einräumen zum ersten Male in seinem Leben die halbwollenen Litzen mit den reinwollenen.

Indessen kam die Osterzeit immer näher, und da sowohl am Karfreitag wie am Ostersonntag der Kirchenchor singen sollte, gab es mehrmals in der Woche Proben. Ohngelt erschien stets pünktlich und gab sich alle Mühe, nichts zu verderben, wurde auch von jedermann mit Wohlwollen behandelt. Nur das Kircherspäule schien nicht recht mit ihm zufrieden zu sein, und das war ihm nicht lieb, denn sie war schließlich doch die einzige Dame, zu der er ein volles Vertrauen hatte. Auch fügte es sich regelmäßig, daß er an ihrer Seite nach Hause ging, denn der Margret seine Begleitung anzutragen, war wohl stets sein stiller Wunsch und Entschluß, doch fand er nie den Mut dazu. So ging er denn mit dem Päule. Die ersten Male wurde auf diesem Heimgang kein Wort geredet. Das nächste Mal nahm die Kircher ihn ins Gebet und fragte, warum er nur so wortkarg sei, ob er sie denn fürchte.

»Nein«, stammelte er erschrocken, »das nicht – vielmehr – gewiß nicht – im Gegenteil.«

Sie lachte leise und fragte: »Und wie geht's denn mit dem Singen? Haben Sie Freude dran?«

»Freilich ja – sehr – jawohl.«

Sie schüttelte den Kopf und sagte leise: »Kann man denn mit Ihnen wirklich nicht reden, Herr Ohngelt? Sie drücken sich auch um jede Antwort herum.«

Er sah sie hilflos an und stotterte.

»Ich meine es doch gut«, fuhr sie fort. »Glauben Sie das nicht?«

Er nickte heftig.

»Also denn! Können Sie denn gar nichts reden als wieso und immerhin und mit Verlaub und dergleichen Zeug?«

»Ja, schon, ich kann schon, obwohl – allerdings.«

»Ja obwohl und allerdings. Sagen Sie, am Abend mit Ihrer Frau Mutter und mit der Tante reden Sie doch auch deutsch, oder nicht? Dann tun Sie's doch auch mit mir und mit andern Leuten. Man könnte dann doch ein vernünftiges Gespräch führen. Wollen Sie nicht?«

»Doch ja, ich will schon – gewiß –«

»Also gut, das ist gescheit von Ihnen. Jetzt kann ich doch mit Ihnen reden. Ich hätte nämlich einiges zu sagen.«

Und nun sprach sie mit ihm, wie er es nicht gewöhnt war. Sie fragte, was er denn im Kirchengesangverein suche, wenn er doch nicht singen könne und wo fast nur Jüngere als er seien. Und ob er nicht merke, daß man sich dort manchmal über ihn lustig mache und mehr von der Art. Aber je mehr der Inhalt ihrer Rede ihn demütigte, desto eindringlicher empfand er die gütige und wohlmeinende Art ihres Zuredens. Etwas weinerlich schwankte er zwischen kühler Ablehnung und gerührter Dankbarkeit. Da waren sie schon vor dem Kircherschen Hause. Paula gab ihm die Hand und sagte ernsthaft:

»Gute Nacht, Herr Ohngelt, und nichts für ungut. Nächstes Mal reden wir weiter, gelt?«

Verwirrt ging er heim, und so weh ihm war, wenn er an

ihre Enthüllungen dachte, so neu und tröstlich war es ihm, daß jemand so freundschaftlich und ernst und wohlgesinnt mit ihm gesprochen hatte.

Auf dem Heimweg von der nächsten Probe gelang es ihm schon, in ziemlich deutscher Sprache zu reden, etwa wie daheim mit der Mutter, und mit dem Gelingen stieg sein Mut und sein Vertrauen. Am folgenden Abend war er schon so weit, daß er ein Bekenntnis abzulegen versuchte, er war sogar halb entschlossen, die Dierlamm mit Namen zu nennen, denn er versprach sich Unmögliches von Päules Mitwisserschaft und Hilfe. Aber sie ließ ihn nicht dazu kommen. Sie schnitt seine Geständnisse plötzlich ab und sagte: »Sie wollen heiraten, nicht wahr? Das ist auch das Gescheiteste, was Sie tun können. Das Alter haben Sie ja.«

»Das Alter, ja das schon«, sagte er traurig. Aber sie lachte nur, und er ging ungetröstet heim. Das nächste Mal kam er wieder auf diese Angelegenheit zu sprechen. Das Päule entgegnete bloß, er müsse ja wissen, wen er haben wolle; gewiß sei nur, daß die Rolle, die er im Gesangverein spiele, ihm nicht förderlich sein könnte, denn junge Mädchen nähmen schließlich bei einem Liebhaber alles lieber in Kauf als Lächerlichkeit.

Die Seelenqualen, in welche ihn diese Worte versetzt hatten, wichen endlich der Aufregung und den Vorbereitungen zum Karfreitag, an welchem Ohngelt zum erstenmal im Chor auf der Orgeltribüne sich zeigen sollte. Er kleidete sich an diesem Morgen mit besonderer Sorgfalt an und kam mit gewichstem Zylinder frühzeitig in die Kirche. Nachdem ihm sein Platz angewiesen worden war, wandte er sich nochmals an jenen Kollegen, der ihm bei der Aufstellung behilflich zu sein versprochen hatte. Wirklich schien dieser die Sache nicht vergessen zu haben, er winkte dem Orgeltreter, und dieser brachte schmunzelnd ein kleines Kistlein, das wurde an Ohngelts Stehplatz hingesetzt und der kleine Mann daraufgestellt, so daß er nun im Sehen und Gesehenwerden dieselben Vorteile genoß wie die längsten Tenöre. Nur war das Stehen auf diese Art mühevoll und gefährlich, er mußte sich genau im Gleichgewicht halten und vergoß manchen Tropfen Schweiß bei dem Gedanken, er könnte umfallen und mit gebrochenen Beinen unter die an der Brüstung postierten Mädchen hinabstürzen, denn der Orgelvorbau neigte sich in schmalen, stark abfallenden Terrassen niederwärts gegen das Kirchenschiff. Dafür hatte er aber das Vergnügen, der schönen Margret Dierlamm aus beklemmender Nähe in den Nacken schauen zu können. Wenn der Gesang und der ganze Gottesdienst vorüber war, fühlte er sich erschöpft und atmete tief auf, als die Türen geöffnet und die Glocken gezogen wurden.

Tags darauf warf ihm das Kircherspäule vor, sein künstlich erhobener Standpunkt sehe recht hochmütig aus und mache ihn lächerlich. Er versprach, sich späterhin seines kurzen Leibes nicht mehr zu schämen, doch wollte er morgen am Osterfeste ein letztesmal das Kistlein benutzen, schon um den Herrn, der es ihm angeboten, nicht zu beleidigen. Sie wagte nicht zu sagen, ob er denn nicht sehe, daß jener die Kiste nur hergebracht habe, um sich einen Spaß mit ihm zu machen. Kopfschüttelnd ließ sie ihn gewähren und war über seine Dummheit so ärgerlich wie über seine Arglosigkeit gerührt.

Am Ostersonntag ging es im Kirchenchor noch um einen Grad feierlicher zu als neulich. Es wurde eine schwierige Musik aufgeführt, und Ohngelt balancierte tapfer auf seinem Gerüst. Gegen den Schluß des Chorals hin nahm er jedoch mit Entsetzen wahr, daß sein Standörtlein unter seinen Sohlen zu wanken und unfest zu werden begann. Er konnte nichts tun, als stillhalten und womöglich den Sturz über die Terrasse vermeiden. Dieses gelang ihm auch, und statt eines Skandals und Unglücks ereignete sich nichts, als daß der Tenor Ohngelt unter leisem Krachen sich langsam verkürzte und mit angsterfülltem Gesicht abwärtssinkend aus der Sichtbarkeit verschwand. Der Dirigent, das Kirchenschiff, die Emporen und der schöne Nacken der blonden Margret gingen nacheinander seinem Blick verloren, doch kam er heil zu Boden, und in der Kirche hatte außer den grinsenden Sangesbrüdern nur ein Teil der nahe sitzenden männlichen Schuljugend den Vorgang wahrgenommen. Über die Stätte seiner Erniedrigung hinweg jubilierte und frohlockte der kunstreiche Osterchoral.

Als unterm Kehraus des Organisten das Volk die Kirche verließ, blieb der Verein auf seiner Tribüne noch auf ein paar Worte beieinander, denn morgen, am Ostermontag, sollte wie jedes Jahr ein festlicher Vereinsausflug unternommen werden. Auf diesen Ausflug hatte Andreas Ohngelt von Anfang an große Erwartungen gestellt. Er fand jetzt sogar den Mut, Fräulein Dierlamm zu fragen, ob sie auch mitzukommen gedenke, und die Frage kam ohne viel Anstoß über seine Lippen.

»Ja, gewiß gehe ich mit«, sagte das schöne Mädchen mit Ruhe, und dann fügte sie hinzu: »Übrigens, haben Sie sich vorher nicht weh getan?« Dabei stieß sie das verhaltene Lachen so, daß sie auf keine Antwort mehr wartete und davonlief. In demselben Augenblick schaute das Päule herüber, mit einem mitleidigen und ernsthaften Blick, der Ohngelts Verwirrung noch steigerte. Sein flüchtig aufgeloderter Mut war nicht minder eilig wieder umgeschlagen, und wenn er von dem Ausflug nicht schon mit seiner Mama geredet hätte, so wäre er jetzt am liebsten vom Ausflug, vom Verein und von allen seinen Hoffnungen zurückgetreten.

Der Ostermontag war blau und sonnig, und um zwei Uhr kamen fast alle Mitglieder des Gesangvereins mit mancherlei Gästen und Verwandten oberhalb der Stadt in der Lärchenallee zusammen. Ohngelt brachte seine Mutter mit. Er hatte ihr am vergangenen Abend gestanden, daß er in Margret verliebt sei, und zwar wenig Hoffnungen hege, dem mütterlichen Beistand aber und dem Ausflugsnachmittag doch noch einiges zutraue. So sehr sie ihrem Kleinen das Beste gönnte, so schien ihr doch Margret zu jung und zu hübsch für ihn zu sein. Man konnte es ja versuchen; die Hauptsache war, daß Andreas bald eine Frau bekam, schon des Ladens wegen.

Man rückte ohne Gesang aus, denn der Waldweg ging ziemlich steil und beschwerlich bergauf. Frau Ohngelt fand trotzdem Sammlung und Atem genug, um ernstlich ihrem Sohn die letzten Verhaltungsmaßregeln für die kommenden Stunden einzuschärfen und hernach ein aufgeräumtes Gespräch mit Frau Dierlamm anzufangen. Margrets Mutter bekam, während sie Mühe hatte, im Bergansteigen Luft für die notwendigsten Antworten zu erübrigen, eine Reihe angenehmer und interessanter Dinge zu hören. Frau Ohngelt begann mit dem prächtigen Wetter, ging von da zu einer Würdigung der Kirchenmusik, einem Lob für Frau Dierlamms rüstiges Aussehen und einem Entzücken über das Frühlingskleid der Margret über, sie verweilte bei Angelegenheiten der Toilette und gab schließlich eine Darstellung von dem erstaunlichen Aufschwung, den der Weißwarenladen ihrer Schwägerin in den letzten Jahren genommen habe. Frau Dierlamm konnte auf dieses hin nicht anders, als auch des jungen Ohngelt lobend zu erwähnen, der so viel Geschmack und kaufmännische Fähigkeiten zeige, was ihr Mann schon vor manchen Jahren während Andreas' Lehrzeit bemerkt und anerkannt habe. Auf diese Schmeichelei antwortete die entzückte Mutter mit einem halben Seufzer. Freilich, der Andreas sei tüchtig und werde es noch weit bringen, auch sei der prächtige Laden schon so gut wie sein Eigentum, ein Jammer aber sei es mit seiner Schüchternheit gegen die Frauenzimmer. Seinerseits fehle es weder an Lust noch an den wünschenswerten Tugenden für das Heiraten, wohl aber an Zutrauen und Unternehmungsmut.

Frau Dierlamm begann nun die besorgte Mutter zu trösten, und wenn sie dabei auch weit davon entfernt war, an ihre Tochter zu denken, versicherte sie doch, daß eine Verbindung mit Andreas für jede ledige Tochter der Stadt nur willkommen sein könnte. Diese Worte sog die Ohngelt wie Honig ein.

Unterdessen war Margret mit anderen jungen Leuten der Gesellschaft weit vorangeeilt, und diesem kleinen Kreise der Jüngsten und Lustigsten schloß sich auch Ohngelt an, obwohl er alle Not hatte, mit seinen kurzen Beinen nachzukommen.

Wieder waren alle ausnehmend freundlich gegen ihn, denn für diese Spaßvögel war der ängstliche Kleine mit seinen verliebten Augen ein gefundenes Fressen. Auch die hübsche Margret tat mit und zog den Anbeter je und je mit scheinbarem Ernst ins Gespräch, so daß er vor glücklicher Erregung und verschluckten Satzteilen ganz heiß wurde.

Allein das Vergnügen dauerte nicht lange. Allmählich merkte der arme Teufel doch, daß er hinterrücks ausgelacht wurde, und wenn er sich auch darein zu schicken wußte, so ward er doch niedergeschlagen und ließ die Hoffnung wieder sinken. Äußerlich ließ er sich jedoch möglichst wenig anmerken. Die Ausgelassenheit der jungen Leute stieg mit jeder Viertelstunde, und er lachte angestrengt desto lauter mit, je deutlicher er alle Witze und Andeutungen als auf ihn selber gemünzt erkannte. Schließlich beendete der Keckste von den Jungen, ein baumlanger Apothekergehilfe, die Nekkereien durch einen recht groben Scherz.

Man kam gerade an einer schönen alten Eiche vorüber, und der Apotheker bot sich an, zu versuchen, ob er den untersten Ast des hohen Baumes mit den Händen erreichen könne. Er stellte sich auf und sprang mehrmals in die Höhe, aber es reichte nicht ganz, und die im Halbkreis umherstehenden Zuschauer begannen ihn auszulachen. Da kam er auf den Einfall, sich durch einen Witz wieder in Ehren und einen andern an die Stelle des Ausgelachten zu bringen. Plötzlich griff er den kleinen Ohngelt um den Leib, hob ihn in die Höhe und forderte ihn auf, den Ast zu fassen und sich daran zu halten. Der Überraschte war empört und wäre gewiß nicht darauf eingegangen, hätte er nicht in seiner schwebenden Lage Furcht vor einem Sturze gehabt. So packte er denn zu und klammerte sich an; sobald sein Träger dies aber bemerkte, ließ er ihn los, und Ohngelt hing nun unter dem Gelächter der Jugend hilflos hoch am Ast, mit den Beinen zappelnd und zornige Schreie ausstoßend.

»Herunter!« schrie er heftig. »Nehmen Sie mich sofort wieder herunter, Sie!«

Seine Stimme überschlug sich, er fühlte sich vollkommen vernichtet und ewiger Schande preisgegeben. Der Apotheker aber meinte, nun müsse er sich loskaufen, und alle jubelten Beifall.

»Sie müssen sich loskaufen«, rief auch Margret Dierlamm. – Da konnte er doch nicht widerstehen.

»Ja, ja«, rief er, »aber schnell!«

Sein Peiniger hielt nun eine kleine Rede des Inhalts, daß Herr Ohngelt schon seit drei Wochen Mitglied des Kirchengesangvereins wäre, ohne daß jemand ihn habe singen hören. Nun könne er nicht eher aus seiner hohen und gefährlichen Lage befreit werden, als bis er der Versammlung ein Lied vorgesungen habe.

Kaum hatte er gesprochen, so begann Andreas auch schon zu singen, denn er fühlte sich von seinen Kräften verlassen. Halb schluchzend fing er an: »Gedenkst du noch der Stunde« – und war noch nicht mit der ersten Strophe fertig, so mußte er loslassen und stürzte mit einem Schrei herab. Alle waren nun doch erschrocken, und wenn er ein Bein gebrochen hätte, wäre er gewiß eines reumütigen Mitleids sicher gewesen. Aber er stand zwar blaß, doch unversehrt wieder auf, griff nach seinem Hut, der neben ihm im Moos lag, setzte ihn sorgfältig wieder auf und ging schweigend davon – denselben Weg zurück, den sie gekommen waren. Hinter der nächsten Wegbiegung setzte er sich am Straßenrand nieder und suchte sich zu erholen.

Hier fand ihn der Apotheker, der ihm mit schlechtem Gewissen nachgeschlichen war. Er bat um Verzeihung, ohne eine Antwort zu erhalten.

»Es tut mir wirklich sehr leid«, sagte er nochmals bittend, »ich hatte gewiß nichts Böses im Sinn. Bitte verzeihen Sie mir, und kommen Sie wieder mit!«

»Es ist schon gut«, sagte Ohngelt und winkte ab, und der andere ging unbefriedigt davon.

Wenig später kam der zweite Teil der Gesellschaft mit den älteren Leuten und den beiden Müttern dabei langsam angerückt. Ohngelt ging zu seiner Mutter hin und sagte:

»Ich will heim.«

»Heim? Ja warum denn? Ist was passiert?«

»Nein. Aber es hat doch keinen Wert, ich weiß es jetzt gewiß.«

»So? Hast du einen Korb gekriegt?«

»Nein. Aber ich weiß doch –«

Sie unterbrach ihn und zog ihn mit.

»Jetzt keine Faxen! Du kommst mit, und es wird schon recht werden. Beim Kaffee setz ich dich neben die Margret, paß auf.«

Er schüttelte bekümmert den Kopf, gehorchte aber und ging mit. Das Kircherspäule versuchte eine Unterhaltung mit ihm anzufangen und mußte es wieder aufgeben, denn er blickte schweigend geradeaus und hatte ein gereiztes und verbittertes Gesicht, wie es niemand an ihm je gesehen hatte.

Nach einer halben Stunde erreichte die Gesellschaft das Ziel des Ausflugs, ein kleines Walddorf, dessen Wirtshaus durch seinen guten Kaffee bekannt war und in dessen Nähe die Ruinen einer Raubritterburg lagen. Im Wirtsgarten war die schon früher angekommene Jugend lebhaften Spielen hingegeben. Jetzt wurden Tische aus dem Hause gebracht und zusammengerückt, die jungen Leute trugen Stühle und Bänke herbei; frisches Tischzeug wurde aufgelegt und die Tafeln mit Tassen, Kannen, Tellern und Backwerk bestellt. Frau Ohngelt gelang es richtig, ihren Sohn an Margrets Seite zu bringen. Er aber nahm seines Vorteils nicht wahr, sondern dämmerte im Gefühl seines Unglücks trostlos vor sich hin, rührte gedankenlos mit dem Löffel im erkaltenden Kaffee und schwieg hartnäckig trotz allen Blicken, die seine Mutter ihm sandte.

Nach der zweiten Tasse beschlossen die Anführer der Jungen, einen Gang nach der Burgruine zu tun und dort Spiele zu machen. Lärmend erhob sich die Jungmannschaft samt den Mädchen. Auch Margret Dierlamm stand auf, und im Aufstehen übergab sie dem mutlos verharrenden Ohngelt ihr hübsches perlenbesticktes Handtäschlein mit den Worten:

»Bitte bewahren Sie mir das gut, Herr Ohngelt, wir gehen zum Spielen.« Er nickte und nahm das Ding zu sich. Die grausame Selbstverständlichkeit, mit der sie annahm, er werde bei den Alten bleiben und sich nicht an den Spielen beteiligen, wunderte ihn nicht mehr. Ihn wunderte nur noch, daß er das alles nicht von Anfang an bemerkt hatte, die merkwürdige Freundlichkeit bei den Proben, die Geschichte mit dem Kistlein und alles andere.

Als die jungen Leute gegangen waren und die Zurückgebliebenen weiter Kaffee tranken und Gespräche spannen, verschwand Ohngelt unvermerkt von seinem Platz und ging hinterm Garten übers Feld dem Walde zu. Die hübsche Tasche, die er in der Hand trug, glitzerte freudig im Sonnenlicht. Vor einem frischen Baumstrunk machte er halt. Er zog sein Taschentuch heraus, breitete es über das noch lichte, feuchte Holz und setzte sich darauf. Dann stützte er den Kopf in die Hände und brütete über traurigen Gedanken, und als sein Blick wieder auf die bunte Tasche fiel und als zugleich mit einem Windzug die Schreie und Freudenrufe der Gesellschaft herüberklangen, neigte er den schweren Kopf tiefer und begann lautlos und kindlich zu weinen.

Wohl eine Stunde lang blieb er sitzen. Seine Augen waren wieder trocken und seine Erregung verflogen, aber das Traurige seines Zustandes und die Hoffnungslosigkeit seiner Bestrebungen waren ihm jetzt noch klarer als zuvor. Da hörte er einen leichten Schritt sich nähern, ein Kleid rauschen, und ehe er von seinem Sitze aufspringen konnte, stand die Paula Kircher neben ihm.

»Ganz allein?« fragte sie scherzend. Und da er nicht antwortete und sie ihn genauer anschaute, wurde sie plötzlich ernst und fragte mit frauenhafter Güte: »Wo fehlt es denn? Ist Ihnen ein Unglück geschehen?«

»Nein«, sagte Ohngelt leise und ohne nach Phrasen zu suchen. »Nein. Ich habe nur eingesehen, daß ich nicht unter die Leute passe. Und daß ich ihr Hanswurst gewesen bin.«

»Nun, so schlimm wird es nicht sein –«

»Doch, gerade so. Ihr Hanswurst bin ich gewesen, und besonders noch den Mädchen ihrer. Weil ich gutmütig gewesen bin und es redlich gemeint habe. Sie haben recht gehabt, ich hätte nicht in den Verein gehen sollen.«

»Sie können ja wieder austreten, und dann ist alles gut.«

»Austreten kann ich schon, und ich tu es lieber heut als morgen. Aber damit ist noch lange nicht alles gut.«

»Warum denn nicht?«

»Weil ich zum Spott für sie geworden bin. Und weil jetzt vollends keine mehr –«

Das Schluchzen übernahm ihn beinahe. Sie fragte freundlich: »– und weil jetzt keine mehr –?«

Mit zitternder Stimme fuhr er fort: »Weil jetzt vollends kein Mädchen mehr mich achtet und mich ernst nehmen will.«

»Herr Ohngelt«, sagte das Päule langsam, »sind Sie jetzt nicht ungerecht? Oder meinen Sie, ich achte Sie nicht und nehme Sie nicht ernst?«

»Ja, das wohl. Ich glaube schon, daß Sie mich noch achten. Aber das ist es nicht.«

»Ja, was ist es denn?«

»Ach, Gott, ich sollte gar nicht davon reden. Aber ich werde ganz irr, wenn ich denke, daß jeder andere es besser hat als ich, und ich bin doch auch ein Mensch, nicht? Aber mich – mich will – mich will keine heiraten!«

Es entstand eine längere Pause. Dann fing das Päule wieder an: »Ja, haben Sie denn schon die eine oder andre gefragt, ob sie will oder nicht?«

»Gefragt! Nein, das nicht. Zu was auch? Ich weiß ja vorher, daß keine will.«

»Dann verlangen Sie also, daß die Mädchen zu Ihnen kommen und sagen: ach Herr Ohngelt, verzeihen Sie, aber ich möchte so schrecklich gern haben, daß Sie mich heiraten! Ja, auf das werden Sie freilich noch lang warten können.«

»Das weiß ich wohl«, seufzte Andreas. »Sie wissen schon, wie ich's meine, Fräulein Päule. Wenn ich wüßte, daß eine es so gut mit mir meint und mich ein wenig gut leiden könnte, dann –«

»Dann würden Sie vielleicht so gnädig sein und ihr zublinzeln oder mit dem Zeigefinger winken! Lieber Gott, Sie sind – Sie sind –«

Damit lief sie davon, aber nicht etwa mit einem Gelächter, sondern mit Tränen in den Augen. Ohngelt konnte das nicht sehen, doch hatte er etwas Sonderbares in ihrer Stimme und in ihrem Davonlaufen bemerkt, darum rannte er ihr nach, und als er bei ihr war und beide keine Worte fanden, hielten sie sich plötzlich umarmt und gaben sich einen Kuß. Da war der kleine Ohngelt verlobt.

Als er mit seiner Braut verschämt und doch tapfer Arm in Arm in den Wirtsgarten zurückkehrte, war alles schon zum Aufbruch bereit und hatte nur noch auf die zwei gewartet. In dem allgemeinen Tumult, Erstaunen, Kopfschütteln und Glückwünschen trat die schöne Margret vor Ohngelt und fragte: »Ja, wo haben Sie denn meine Handtasche gelassen?«

Bestürzt gab der Bräutigam Auskunft und eilte in den Wald zurück, und das Päule lief mit. An der Stelle, wo er so lang gesessen und geweint hatte, lag im braunen Laube der schimmernde Beutel und die Braut sagte: »Es ist gut, daß wir noch einmal herüber sind. Da liegt ja auch noch dein Sacktuch.«

(1908)

Hans Dierlamms Lehrzeit

I

Der Lederhändler Ewald Dierlamm, den man seit längerer Zeit nicht mehr als Gerber anreden durfte, hatte einen Sohn namens Hans, an den er viel rückte und der die höhere Realschule in Stuttgart besuchte. Dort nahm der kräftige und muntere junge Mensch zwar an Jahren, aber nicht an Weisheit und Ehren zu. Indem er jede Klasse zweimal absitzen mußte, sonst aber ein zufriedenes Leben mit Theaterbesuchen und Bierabenden führte, erreichte er schließlich das achtzehnte Jahr und war schon zu einem ganz stattlichen jungen Herrn gediehen, während seine derzeitigen Mitschüler noch bartlose und unreife Jünglinglein waren. Da er nun aber auch mit diesem Jahrgang nicht lange Schritt hielt, sondern den Schauplatz seines Vergnügens und Ehrgeizes durchaus in einem unwissenschaftlichen Welt- und Herrenleben suchte, ward seinem Vater nahegelegt, er möge den leichtsinnigen Jungen von der Schule nehmen, wo er sich und andre verderbe. So kam Hans eines Tages im schönsten Frühjahr mit seinem betrübten Vater heim nach Gerbersau gefahren, und es war nun die Frage, was mit dem Ungeratenen anzufangen sei. Denn um ihn ins Militär zu stecken, wie der Familienrat gewünscht hatte, dazu war es für diesen Frühling schon zu spät.

Da trat der junge Hans selber zu der Eltern Erstaunen mit dem Wunsche hervor, man solle ihn als Praktikanten in eine Maschinenwerkstätte gehen lassen, da er Lust und Begabung zu einem Ingenieur in sich verspüre. In der Hauptsache war es ihm damit voller Ernst, daneben hegte er aber noch die verschwiegene Hoffnung, man werde ihn in eine Großstadt tun, wo die besten Fabriken wären und wo er außer dem Beruf auch noch manche angenehme Gelegenheiten zum Zeitvertreib und Vergnügen zu finden dachte. Damit hatte er sich jedoch verrechnet. Denn nach den nötigen Beratungen teilte der Vater ihm mit, er sei zwar gesonnen, ihm seinen Wunsch zu erfüllen, halte es aber für rätlich, ihn einstweilen hier am Orte zu behalten, wo es vielleicht nicht die allerbesten Werkstätten und Lehrplätze, dafür aber auch keine Versuchungen und Abwege gebe. Das letztere war nun freilich auch nicht vollkommen richtig, wie sich später zeigen sollte, aber es war wohlgemeint, und so mußte Hans Dierlamm sich entschließen, den neuen Lebensweg unter väterlicher Beaufsichtigung im Heimatstädtchen anzutreten. Der Mechaniker Haager fand sich bereit, ihn aufzunehmen, und etwas befangen ging jetzt der flotte Jüngling täglich seinen Arbeitsweg von der Münzgasse bis zur unteren Insel, angetan mit einem blauen Leinenanzug, wie alle Schlosser einen tragen. Diese Gänge machten ihm anfangs einige Beschwerde, da er vor seinen Mitbürgern bisher in ziemlich feinen Kleidern zu erscheinen gewohnt gewesen war. Doch wußte er sich bald dareinzufinden und tat, als trage er sein Leinenkleid gewissermaßen zum Spaß wie einen Maskenanzug. Die Arbeit selbst aber tat ihm, der so lange Zeit unnütz in Schulen herumgesessen war, sehr gut, ja sie gefiel ihm sogar und regte erst die Neugierde, dann den Ehrgeiz, schließlich eine ehrliche Freude in ihm auf.

Die Haagersche Werkstatt lag dicht am Flusse, zu Füßen einer größeren Fabrik, deren Maschinen mit Instandhalten und Reparaturen dem jungen Meister Haager hauptsächlich zu arbeiten und zu verdienen gaben. Die Werkstätte war klein und alt, bis vor wenigen Jahren hatte der Vater Haager dort geherrscht und gutes Geld verdient, ein beharrlicher Handwerksmann ohne jede Schulbildung. Der Sohn, der jetzt das Geschäft besaß und führte, plante wohl Erweiterungen und Neuerungen, fing jedoch als vorsichtiger Sohn eines altmodisch strengen Handwerkers bescheiden beim Kleinen an und redete zwar gerne von Dampfbetrieb, Motoren und Maschinenhallen, werkelte aber fleißig im alten Stile weiter und hatte außer einer englischen Eisendrehbank noch keine nennenswerten neuen Einrichtungen angeschafft. Er arbeitete mit zwei Gesellen und einem Lehrbuben und hatte für den neuen Volontär gerade noch einen Platz an der Werkbank und einen Schraubstock frei. Mit den fünf Leuten war der enge Raum reichlich angefüllt, und durchwandernde landfahrende Kollegen brauchten beim Zuspruch um Arbeit nicht zu fürchten, daß man sie beim Wort nehme.

Der Lehrling, um von unten auf anzufangen, war ein ängstliches und gutwilliges Bürschlein von vierzehn Jahren, das der neueintretende Volontär kaum zu beachten nötig fand. Von den Gehilfen hieß einer Johann Schömbeck, ein schwarzhaariger magerer Mensch und sparsamer Streber. Der andre Gehilfe war ein schöner, gewaltiger Mensch von achtundzwanzig Jahren, er hieß Niklas Trefz und war ein Schulkamerad des Meisters, zu dem er daher »du« sagte. Niklas führte in aller Freundschaftlichkeit, als könne es nicht anders sein, das Regiment im Hause mit dem Meister gemeinsam; denn er war nicht bloß stark und ansehnlich von Gestalt und Auftreten, sondern auch ein gescheiter und fleißiger Mechaniker, der wohl das Zeug zum Meister hatte. Haager selber, der Besitzer, trug ein sorgenvoll-geschäftiges Wesen zur Schau, wenn er unter Leute kam, fühlte sich aber ganz zufrieden und machte auch an Hans sein gutes Geschäft, denn der alte Dierlamm mußte ein recht anständiges Lehrgeld für seinen Sohn erlegen.

So sahen die Leute aus, deren Arbeitsgenosse Hans Dierlamm geworden war, oder so erschienen sie ihm wenigstens. Zunächst nahm ihn die neue Arbeit mehr in Anspruch als die neuen Menschen. Er lernte ein Sägblatt hauen, mit Schleifstein und Schraubstock umgehen, die Metalle unterscheiden, er lernte die Esse feuern, den Vorhammer schwingen, die erste grobe Feile führen. Er zerbrach Bohrer und Meißel, würgte mit der Feile an schlechtem Eisen herum, beschmutzte sich mit Ruß, Feilspänen und Maschinenöl, hieb sich mit dem Hammer den Finger wund oder verklemmte sich an der Drehbank, alles unter dem spöttischen Schweigen seiner Umgebung, die den schon erwachsenen Sohn eines reichen Mannes mit Vergnügen zu solcher Anfängerschaft verurteilt sah. Aber Hans blieb ruhig, schaute den Gesellen aufmerksam zu, stellte in den Vesperpausen Fragen an den Meister, probierte und regte sich, und bald konnte er einfache Arbeiten sauber und brauchbar abliefern, zum Vorteil und Erstaunen des Herrn Haager, der wenig Vertrauen zu den Fähigkeiten des Praktikanten gehabt hatte.

»Ich meinte allweil, Sie wollten bloß eine Weile Schlosser spielen«, sagte er einst anerkennend. »Aber wenn Sie so weitermachen, können Sie wirklich einer werden.«

Hans, dem in seinen Schulzeiten Lob und Tadel der Lehrer ein leeres Geräusch gewesen waren, kostete diese erste Anerkennung wie ein Hungriger einen guten Bissen. Und da auch die Gesellen ihn allmählich gelten ließen und nimmer wie einen Hanswurst anschauten, wurde ihm frei und wohl, und er fing an, seine Umgebung mit menschlicher Teilnahme und Neugierde zu betrachten.

Am besten gefiel ihm Niklas Trefz, der Obergesell, ein ruhiger dunkelblonder Riese mit gescheiten grauen Augen. Es dauerte aber noch einige Zeit, bis dieser den Neuen an sich herankommen ließ. Einstweilen war er still und ein wenig mißtrauisch gegen den Herrensohn. Desto zugänglicher zeigte sich der zweite Gesell Johann Schömbeck. Er nahm von Hans je und je eine Zigarre und ein Glas Bier an, wies ihm zuweilen kleine Vorteile bei der Arbeit und gab sich Mühe, den jungen Mann für sich einzunehmen, ohne doch seiner Gesellenwürde etwas zu vergeben.

Als Hans ihn einmal einlud, den Abend mit ihm zu verbringen, nahm Schömbeck herablassend an und bestellte ihn auf acht Uhr in eine kleine Beckenwirtschaft an der mittleren Brücke. Dort saßen sie dann, durch die offenen Fenster hörte man das Flußwehr brausen, und beim zweiten Liter Unterländer wurde der Gesell gesprächig. Er rauchte zu dem hellen, milden Rotwein eine gute Zigarre und weihte Hans mit gedämpfter Stimme in die Geschäfts- und Familiengeheimnisse der Haagerschen Werkstatt ein. Der Meister tue ihm leid, sagte er, daß er so vor dem Trefz unterducke, vor dem Niklas. Das sei ein Gewalttätiger, und früher habe er einmal bei einem Streit den Haager, der damals noch unter seinem Vater arbeitete, windelweich gehauen. Ein guter Arbeiter sei er schon, wenigstens wenn es ihm gerade darum zu tun sei, aber er tyrannisiere die ganze Werkstatt und sei stolzer als ein Meister, obwohl er keinen Pfennig besitze. »Aber er wird wohl einen hohen Lohn kriegen«, meinte Hans. Schömbeck lachte und schlug sich aufs Knie. »Nein«, sagte er blinzelnd, »er hat nur eine Mark mehr als ich, der Niklas. Und das hat seinen guten Grund. Kennen Sie die Maria Testolini?«

»Von den Italienern im Inselviertel?«

»Ja, von der Bagage. Die Maria hat schon lang ein Verhältnis mit dem Trefz, wissen Sie. Sie schafft in der Weberei uns gegenüber. Ich glaube nicht einmal, daß sie ihm gar so anhänglich ist. Er ist ja ein fester großer Kerl, das haben die Mädel alle gern, aber extra heilig hat sie's nicht mit der Verliebtheit.«

»Aber was hat das mit dem Lohn zu tun?«

»Mit dem Lohn? Ja so. Nun, der Niklas hat also ein Verhältnis mit ihr und könnte schon längst eine viel bessere Stellung haben, wenn er nicht ihretwegen hier bliebe. Und das ist des Meisters Vorteil. Mehr Lohn zahlt er nicht, und der Niklas kündigt nicht, weil er nicht von der Testolini fort will. In Gerbersau ist für einen Mechaniker nicht viel zu holen, länger als dies Jahr bleib' ich auch nimmer da, aber der Niklas hockt und geht nicht weg.«

Im weiteren erfuhr Hans Dinge, die ihn weniger interessierten. Schömbeck wußte gar viel über die Familie der jungen Frau Haager, über ihre Mitgift, deren Rest der Alte nicht herausgeben wolle, und über die daraus entstandene Ehezwietracht. Das alles hörte Hans Dierlamm geduldig an, bis es ihm an der Zeit schien, aufzubrechen und heimzugehen. Er ließ Schömbeck bei dem Rest des Weines sitzen und ging fort.

Auf dem Heimweg durch den lauen Maiabend dachte er an das, was er soeben von Niklas Trefz erfahren hatte, und es fiel ihm nicht ein, diesen für einen Narren zu halten, weil er einer Liebschaft wegen angeblich sein Fortkommen versäume. Vielmehr schien ihm das sehr einleuchtend. Er glaubte nicht alles, was der schwarzhaarige Gesell ihm erzählt hatte, aber er glaubte an diese Mädchengeschichte, weil sie ihm gefiel und zu seinen Gedanken paßte. Denn seit er nicht mehr so ausschließlich mit den Mühen und Erwartungen seines neuen Berufes beschäftigt war wie in den ersten Wochen, plagte ihn an den stillen Frühlingsabenden der heimliche Wunsch, eine Liebschaft zu haben, nicht wenig. Als Schüler hatte er auf diesem Gebiete einige erste Weltmannserfahrungen gesammelt, die freilich noch recht unschuldig waren. Nun aber, da er einen blauen Schlosserkittel trug und zu den Tiefen des Volkstums hinabgestiegen war, schien es ihm gut und verlockend, auch von den einfachen und kräftigen Lebenssitten des Volkes seinen Teil zu haben. Aber damit wollte es nicht vorwärtsgehen. Die Bürgermädchen, mit denen er durch seine Schwester Bekanntschaft hatte, waren nur in Tanzstuben und etwa auf einem Vereinsball zu sprechen und auch da unter der Aufsicht ihrer strengen Mütter. Und in dem Kreis der Handwerker und Fabrikleute hatte Hans es bis jetzt noch nicht dahin gebracht, daß sie ihn als ihresgleichen annahmen.

Er suchte sich auf jene Maria Testolini zu besinnen, konnte sich ihrer aber nicht erinnern. Die Testolinis waren eine komplizierte Familiengemeinschaft in einer traurigen Armutgegend und bewohnten mit mehreren Familien welschen Namens zusammen in einer unzählbaren Schar ein altes, elendes Häuschen an der Insel. Hans erinnerte sich aus seinen Knabenjahren, daß es dort von kleinen Kindern gewimmelt hatte, die an Neujahr und manchmal auch zu andern Zeiten bettelnd in seines Vaters Haus gekommen waren. Eines von jenen verwahrlosten Kindern war nun wohl die Maria, und er malte sich eine dunkle, großäugige und schlanke Italienerin aus, ein wenig zerzaust und nicht sehr sauber gekleidet. Aber unter den jungen Fabrikmädchen, die er täglich an der Werkstatt vorübergehen sah und von denen manche ihm recht hübsch erschienen waren, konnte er sich diese Maria Testolini nicht denken.

Sie sah auch ganz anders aus, und es vergingen kaum zwei Wochen, so machte er unerwartet ihre Bekanntschaft.

Zu den ziemlich baufälligen Nebenräumen der Werkstatt gehörte ein halbdunkler Verschlag an der Flußseite, wo allerlei Vorräte lagerten. An einem warmen Nachmittag im Juni hatte Hans dort zu tun, er mußte einige hundert Stangen nachzählen und hatte nichts dagegen, eine halbe oder ganze Stunde hier abseits von der warmen Werkstatt im Kühlen zu verbringen. Er hatte die Eisenstangen nach ihrer Stärke geordnet und fing nun das Zählen an, wobei er von Zeit zu Zeit die Summe mit Kreide an die dunkle Holzwand schrieb. Halblaut zählte er vor sich hin: dreiundneunzig, vierundneunzig – –. Da rief eine leise, tiefe Frauenstimme mit halbem Lachen: »Fünfundneunzig – hundert – tausend –

Erschrocken und unwillig fuhr er herum. Da stand am niederen, scheibenlosen Fenster ein stattliches blondes Mädchen, nickte ihm zu und lachte.

»Was gibt's?« fragte er blöde.

»Schön Wetter«, rief sie. »Gelt, du bist der neue Volontär da drüben?«

»Ja. Und wer sind denn Sie?«

»Jetzt sagt er ›Sie‹ zu mir! Muß es immer so nobel sein?«

»Oh, wenn ich darf, kann ich schon auch ›du‹ sagen.«

Sie trat zu ihm hinein, schaute sich in dem Loche um, netzte ihren Zeigefinger und löschte ihm seine Kreidezahlen aus.

»Halt!« rief er. »Was machst du?«

»Kannst du nicht so viel im Kopf behalten?«

»Wozu, wenn es Kreide gibt? Jetzt muß ich alles noch einmal durchzählen.«

»O je! Soll ich helfen?«

»Ja, gern.«

»Das glaub ich dir, aber ich hab andres zu tun.«

»Was denn? Man merkt wenig davon.«

»So? Jetzt wird er auf einmal grob. Kannst du nicht auch ein bißchen nett sein?«

»Ja, wenn du mir zeigst, wie man's macht.«

Sie lächelte, trat dicht zu ihm, fuhr ihm mit ihrer vollen, warmen Hand übers Haar, streichelte seine Wange und sah ihm nahe und immer lächelnd in die Augen. Ihm war so etwas noch nie geschehen und es wurde ihm beklommen und schwindlig.

»Bist ein netter Kerl, ein lieber«, sagte sie.

Er wollte sagen: »Und du auch.« Aber er brachte vor Herzklopfen kein Wort heraus. Er hielt ihre Hand und drückte sie.

»Au, nicht so fest!« rief sie leise. »Die Finger tun einem ja weh.«

Da sagte er: »Verzeih.« Sie aber legte für einen kurzen Augenblick ihren Kopf mit dem blonden, dichten Haar auf seine Schulter und schaute zärtlich schmeichelnd zu ihm auf. Dann lachte sie wieder mit ihrer warmen, tiefen Stimme, nickte ihm freundlich und unbefangen zu und lief davon. Als er vor die Tür trat, ihr nachzusehen, war sie schon verschwunden.

Hans blieb noch lange zwischen seinen Eisenstangen. Anfangs war er so verwirrt und heiß und befangen, daß er nichts denken konnte und schwer atmend vor sich hin stierte. Bald aber war er über das hinweg, und nun kam eine erstaunte, unbändige Freude über ihn. Ein Abenteuer! Ein schönes großes Mädchen war zu ihm gekommen, hatte ihm schöngetan, hatte ihn liebgehabt! Und er hatte sich nicht zu helfen gewußt, er hatte nichts gesagt, wußte nicht einmal ihren Namen, hatte ihr nicht einmal einen Kuß gegeben! Das plagte und erzürnte ihn noch den ganzen Tag. Aber er beschloß grimmig und selig, das alles wiedergutzumachen und das nächste Mal nicht mehr so dumm und blöde zu sein.

Er dachte jetzt an keine Italienerinnen mehr. Er dachte beständig an »das nächste Mal«. Und am folgenden Tage benutzte er jede Gelegenheit, auf ein paar Minuten vor die Werkstatt zu treten und sich überall umzusehen. Die Blonde zeigte sich aber nirgends. Statt dessen kam sie gegen Abend mit einer Kameradin zusammen ganz unbefangen und gleichgültig in die Werkstatt, brachte eine kleine Stahlschiene, das Stück einer Webmaschine, und ließ sie abschleifen. Den Hans schien sie weder zu kennen noch zu sehen, scherzte dagegen ein wenig mit dem Meister und trat dann zu Niklas Trefz, der das Schleifen besorgte und mit dem sie sich leise unterhielt. Erst als sie wieder ging und schon Adieu gesagt hatte, schaute sie unter der Türe nochmals zurück und warf Hans einen kurzen warmen Blick zu. Dann runzelte sie die Stirn ein wenig und zuckte mit den Lidern, wie um zu sagen, sie habe ihr Geheimnis mit ihm nicht vergessen und er solle es gut verwahren. Und fort war sie. Johann Schömbeck ging gleich darauf an Hansens Schraubstock vorüber, grinste still und flüsterte: »Das war die Testolini.«

»Die Kleine?« fragte Hans.

»Nein, die große Blonde.«

Der Volontär beugte sich über seine Arbeit und feilte heftig drauflos. Er feilte, daß es pfiff und daß die Werkbank zitterte. Das war also sein Abenteuer! Wer war jetzt betrogen, der Obergesell oder er? Und was jetzt tun? Er hätte nicht gedacht, daß eine Liebesgeschichte gleich so verwickelt anfangen könne. Den Abend und die halbe Nacht konnte er an nichts andres denken.

Eigentlich war seine Meinung von Anfang an, er müsse nun verzichten. Aber nun hatte er sich vierundzwanzig Stunden mit lauter verliebten Gedanken an das hübsche Mädchen beschäftigt, und das Verlangen, sie zu küssen und sich von ihr liebhaben zu lassen, war mächtig groß in ihm geworden. Ferner war es das erste Mal, daß eine Frauenhand ihn so gestreichelt und ein Frauenmund ihm so schön getan hatte. Verstand und Pflichtgefühl erlagen der jungen Verliebtheit, die durch den Beigeschmack eines schlechten Gewissens nicht schöner, aber auch nicht schwächer ward. Mochte es nun gehen, wie es wollte, die Maria hatte ihn gern und er wollte sie wieder gernhaben.

Wohl war ihm allerdings nicht dabei. Als er das nächste Mal mit Maria zusammentraf im Treppenhaus der Fabrik, sagte er sogleich: »Du, wie ist das mit dem Niklas und dir? Ist er wirklich dein Schatz?«

»Ja«, meinte sie lachend. »Fällt dir sonst nichts ein, was du mich fragen kannst?«

»Doch, gerade. Wenn du ihn gernhast, kannst du doch nicht auch noch mich gernhaben.«

»Warum nicht? Der Niklas ist mein Verhältnis, verstehst du, das ist schon lang so und soll so bleiben. Aber dich hab ich gern, weil du so ein netter kleiner Bub bist. Der Niklas ist gar streng und herb, weißt du, und ich will dich zum Küssen und Liebsein haben, kleiner Bub. Hast du was dagegen?«

Nein, er hatte nichts dagegen. Er legte still und andächtig seine Lippen auf ihren blühenden Mund, und da sie seine Unerfahrenheit im Küssen bemerkte, lachte sie zwar, schonte ihn aber und gewann ihn noch lieber.

2

Bis jetzt war Niklas Trefz, als Obergesell und Duzfreund des jungen Meisters, aufs beste mit diesem ausgekommen, ja er hatte eigentlich in Haus und Werkstatt meistens das erste Wort gehabt. Neuerdings schien dies gute Einvernehmen etwas gestört zu sein, und gegen den Sommer hin wurde Haager in seinem Benehmen gegen den Gesellen immer spitziger. Er kehrte zuweilen den Meister gegen ihn heraus, fragte ihn nicht mehr um Rat und ließ bei jeder Gelegenheit merken, daß er das frühere Verhältnis nicht fortzusetzen wünsche.

Trefz war gegen ihn, dem er sich überlegen fühlte, nicht empfindlich. Anfangs wunderte ihn diese kühle Behandlung als eine ungewohnte Schrulle des Meisters. Er lächelte und nahm es ruhig hin. Als aber Haager ungeduldiger und launischer wurde, legte Trefz sich aufs Beobachten und glaubte bald hinter die Ursache der Verstimmung gekommen zu sein.

Er sah nämlich, daß zwischen dem Meister und seiner Frau nicht alles in Ordnung war. Es gab keine lauten Händel, dafür war die Frau zu klug. Aber die Eheleute wichen einander aus, die Frau ließ sich nie in der Werkstatt blicken, und der Mann war abends selten zu Hause. Ob die Uneinigkeit, wie Johann Schömbeck wissen wollte, daher rührte, daß der Schwiegervater sich nicht bereden ließ, mehr Geld herauszurücken, oder ob persönliche Zwistigkeiten dahintersteckten, jedenfalls war eine schwüle Luft im Hause, die Frau sah oft verweint und verärgert aus, und der Mann schien auch vom Baume einer schlimmen Erkenntnis gekostet zu haben.

Niklas war überzeugt, daß dieser häusliche Unfrieden an

allem schuld sei und ließ den Meister seine Reizbarkeit und Grobheit nicht entgelten. Was ihn heimlich plagte und zornig machte, war die leise schlaue Art, mit der Schömbeck sich die Verstimmung zunutze machte. Dieser war nämlich, seit er den Obergesellen in Ungnade gefallen sah, mit einer unterwürfig-süßen Beflissenheit bemüht, sich dem Meister zu empfehlen, und daß Haager darauf einging und den Schleicher sichtlich begünstigte, war für Trefz ein empfindlicher Stich.

In dieser unbehaglichen Zeit nahm Hans Dierlamm entschieden für Trefz Partei. Einmal imponierte ihm Niklas durch seine gewaltige Kraft und Männlichkeit, alsdann war ihm der schmeichlerische Schömbeck allmählich verdächtig und zuwider geworden, und schließlich hatte er das Gefühl, durch sein Verhalten eine uneingestandene Schuld gegen Niklas gutzumachen. Denn wenn auch sein Verkehr mit der Testolini sich auf kurze hastige Zusammenkünfte beschränkte, wobei es über einiges Küssen und Streicheln nicht hinausging, wußte er sich doch auf verbotenem Wege und hatte kein sauberes Gewissen. Desto entschiedener wies er dafür Schömbecks Klatschereien zurück und trat mit ebensoviel Bewunderung wie Mitleid für Niklas ein. Es dauerte denn auch nicht lange, bis dieser das fühlte. Er hatte sich bisher kaum um den Volontär gekümmert und in ihm einfach ein unnützes Herrensöhnchen gesehen. Jetzt schaute er ihn freundlicher an, richtete zuweilen das Wort an ihn und duldete, daß Hans in den Vesperpausen sich zu ihm setzte.

Schließlich lud er ihn sogar eines Abends zum Mitkommen ein. »Heut ist mein Geburtstag«, sagte er, »da muß ich doch mit jemand eine Flasche Wein trinken. Der Meister ist verhext, den Schömbeck kann ich nicht brauchen, den Lump. Wenn Sie wollen, Dierlamm, so kommen Sie heut mit mir. Wir könnten uns nach dem Nachtessen an der Allee treffen. Wollen Sie?«

Hans war hocherfreut und versprach, pünktlich zu kommen.

Es war ein warmer Abend zu Anfang Juli. Hans aß daheim sein Abendbrot mit Hast, wusch sich ein wenig und eilte zur Allee, wo Trefz schon wartete.

Dieser hatte seinen Sonntagsanzug angelegt, und als er Hans im blauen Arbeitskleid kommen sah, fragte er mit gutmütigem Vorwurf:

»So, Sie sind noch in der Uniform?«

Hans entschuldigte sich, er habe es so eilig gehabt, und Niklas lachte: »Nun, keine Redensarten! Sie sind halt Volontär und haben Spaß an dem dreckigen Kittel, weil Sie ihn doch nicht lang tragen. Unsereiner legt ihn gern ab, wenn er am Feierabend ausgeht.«

Sie schritten nebeneinander die dunkle Kastanienallee hinunter vor die Stadt hinaus. Hinter den letzten Bäumen kam plötzlich eine hohe Mädchengestalt hervor und hängte sich an des Gesellen Arm. Es war Maria. Trefz sagte kein Wort des Grußes zu ihr und nahm sie ruhig mit, und Hans wußte nicht, war sie von ihm herbestellt oder unaufgefordert gekommen. Das Herz schlug ihm ängstlich.

»Da ist auch der junge Herr Dierlamm«, sagte Niklas. »Ach ja«, rief Maria lachend, »der Volontär. Kommen Sie auch mit?«

»Ja, der Niklas hat mich eingeladen.«

»Das ist lieb von ihm. Und auch von Ihnen, daß Sie kommen. So ein feiner junger Herr!«

»Dummes Zeug!« rief Niklas. »Der Dierlamm ist mein Kollege. Und jetzt wollen wir Geburtstag feiern.«

Sie hatten das Wirtshaus zu den drei Raben erreicht, das

dicht am Flusse in einem kleinen Garten lag. Drinnen hörte man Fuhrleute sich unterhalten und Karten spielen, draußen war kein Mensch. Trefz rief dem Wirt durchs Fenster hinein, er solle Licht bringen. Dann setzte er sich an einen der vielen ungehobelten Brettertische. Maria nahm neben ihm und Hans gegenüber Platz. Der Wirt kam mit einer schlecht brennenden Flurlampe heraus, die er überm Tisch an einem Draht aufhängte. Trefz bestellte einen Liter vom besten Wein, Brot, Käse und Zigarren.

»Hier ist's aber öd«, sagte das Mädchen enttäuscht. »Wollen wir nicht hineingehen? Es sind ja gar keine Leute da.«

»Wir sind Leute genug«, meinte Niklas ungeduldig.

Er schenkte Wein in die dicken Kübelgläser, schob Maria Brot und Käse zu, bot Hans Zigarren hin und zündete sich selber eine an. Sie stießen miteinander an. Darauf spann Trefz, als wäre das Mädchen gar nicht da, ein weitläufiges Gespräch über technische Dinge mit Hans an. Er saß vorgebeugt, den einen Ellbogen auf dem Tisch, Maria aber lehnte sich neben ihm ganz in die Bank zurück, verschränkte die Arme vor der Brust und schaute aus der Dämmerung unverwandt, mit ruhigen, zufriedenen Augen in Hansens Gesicht. Dem wurde dadurch nicht behaglicher, und er umgab sich aus Verlegenheit mit dicken Rauchwolken. Daß sie drei einmal an einem Tisch beieinandersitzen würden, hätte er nicht gedacht. Er war froh, daß die beiden vor seinen Augen keine Zärtlichkeiten wechselten, und er vertiefte sich geflissentlich in die Unterhaltung mit dem Gesellen.

Über den Garten schwammen blasse Nachtwolken durch den gestirnten Himmel, im Wirtshaus klang zuweilen Gespräch und Gelächter, nebenzu lief mit leisem Rauschen der dunkle Fluß talab. Maria saß regungslos im Halbdunkel, hörte die Reden der beiden dahinrinnen und hielt den Blick auf Hans geheftet. Er empfand ihn, auch wenn er nicht hinübersah, und bald schien er ihm verlockend zu winken, bald spöttisch zu lachen, bald kühl zu beobachten.

So verging wohl eine Stunde, und die Unterhaltung war allmählich langsamer und träger, endlich schlief sie ein, und eine kurze Weile redete niemand ein Wort. Da richtete die Testolini sich auf. Trefz wollte ihr einschenken, sie zog aber ihr Glas weg und sagte kühl: »Ist nicht nötig, Niklas.«

»Was gibt's denn?«

»Einen Geburtstag gibt's. Und dein Schatz sitzt dabei und kann einschlafen. Kein Wort, keinen Kuß, nichts als ein Glas Wein und ein Stück Brot! Wenn mein Schatz der steinerne Mann wär, könnt es nicht schöner sein.«

»Ach, geh weg!« lachte Niklas unzufrieden.

»Ja, geh weg! Ich geh auch noch weg. Am Ende gibt's andre, die mich noch ansehen mögen.«

Niklas fuhr auf. »Was sagst?«

»Ich sag, was wahr ist.«

»So? Wenn's wahr ist, dann sag lieber gleich alles. Ich will jetzt wissen, wer das ist, der nach dir schaut.«

»Oh, das tun manche.«

»Ich will den Namen wissen. Du gehörst mir, und wenn einer dir nachläuft, ist er ein Lump und hat's mit mir zu tun.«

»Meinetwegen. Wenn ich dir gehör, mußt du aber auch mir gehören und nicht so ruppig sein. Wir sind nicht verheiratet.«

»Nein, Maria, leider nicht, und ich kann nichts dafür, das weißt du wohl.«

»Gut denn, so sei auch wieder freundlicher und nicht gleich so wild. Weiß Gott, was du seit einiger Zeit hast!«

»Ärger hab ich, nichts als Ärger. Aber wir wollen jetzt noch ein Glas austrinken und vergnügt sein, sonst meint der Dierlamm, wir seien immer so ungattig. He, Rabenwirt! Heda! Noch eine Flasche!«

Hans war ganz ängstlich geworden. Nun sah er erstaunt den plötzlich aufgeflammten Streit ebenso schnell wieder beruhigt und hatte nichts dagegen, noch ein letztes Glas in fröhlichem Frieden mitzutrinken.

»Also prosit!« rief Niklas, stieß mit beiden an und leerte in einem langen Zug sein Glas. Dann lachte er kurz und sagte mit verändertem Ton: »Nun ja, nun ja. Aber ich kann euch sagen, an dem Tag, wo mein Schatz sich mit einem andern einläßt, gibt's ein Unglück.«

»Dummerle«, rief Maria leise, »was fällt dir auch ein?«

»Es ist nur so geredet«, meinte Niklas ruhig. Er lehnte sich wohlig zurück, knöpfte die Weste auf und fing zu singen an:

»A Schlosser hot an G'sella g'het ...«

Hans fiel eifrig ein. Im stillen aber hatte er beschlossen, er wolle mit Maria nichts mehr zu tun haben. Er hatte Furcht bekommen.

Auf dem Heimweg blieb das Mädchen an der unteren Brücke stehen.

»Ich geh heim«, sagte sie. »Kommst du mit?«

»Also denn«, nickte der Geselle und gab Hans die Hand.

Dieser sagte Gutenacht und ging aufatmend allein weiter. Ein peinliches Grauen war diesen Abend in ihn gefahren. Er mußte sich immer wieder ausmalen, wie es gegangen wäre, wenn ihn der Obergeselle einmal mit Maria überrascht hätte. Nachdem diese gräßliche Vorstellung seine

Entschlüsse bestimmt hatte, wurde es ihm leicht, sie sich selber in einem verklärenden moralischen Lichte darzustellen. Er bildete sich schon nach einer Woche ein, er habe auf die Spielerei mit Maria nur aus Edelmut und aus Freundschaft für Niklas verzichtet. Die Hauptsache war, daß er nun das Mädchen wirklich mied. Erst nach mehreren Tagen traf er sie unvermutet allein, und da beeilte er sich, ihr zu sagen, er könne nicht mehr zu ihr kommen. Sie schien darüber betrübt zu sein, und ihm wurde das Herz schwer, als sie sich an ihn hängte und ihn mit Küssen zu bekehren suchte. Doch gab er ihr keinen zurück, sondern machte sich mit erzwungener Ruhe los. Sie aber ließ ihn nicht eher los, bis er in seiner Herzensangst drohte, dem Niklas alles zu sagen. Da schrie sie auf und sagte:

»Du, das tust du nicht. Das wär mein Tod.«

»Hast du ihn also doch lieb?« fragte Hans bitter.

»Ach was!« seufzte sie. »Dummer Bub, du weißt wohl, daß ich dich viel lieber hab. Nein, aber der Niklas würde mich umbringen. So ist er. Gib mir die Hand darauf, daß du ihm nichts sagst!«

»Gut, aber du mußt mir auch versprechen, daß du mich in Ruhe lassen willst.«

»Hast mich schon so satt?«

»Ach, laß! Aber ich kann die Heimlichkeit vor ihm nimmer haben, ich kann nicht, begreif doch. Also versprich's mir, gelt.«

Da gab sie ihm die Hand, aber er sah ihr dabei nicht in die Augen. Er ging still davon, und sie sah ihm mit Kopfschütteln und innigem Ärger nach. »So ein Hanswurst!« dachte sie.

Für den kamen jetzt wieder schlimme Tage. Sein durch Maria heftig erregtes und immer nur für den Augenblick beschwichtigtes Liebesbedürfnis ging nun wieder heiße, unbefriedigte Wege aufwühlender Sehnsucht, und nur die strenge Arbeit half ihm von Tag zu Tag durch. Sie machte ihn jetzt bei der zunehmenden Sommerhitze doppelt müde. In der Werkstatt war es heiß und schwül, anstrengende Arbeiten wurden halbnackt ausgeführt, und den dumpfen ewigen Ölgeruch durchdrang der scharfe Dunst des Schweißes. Am Abend nahm Hans, zuweilen mit Niklas zusammen, ein Bad oberhalb der Stadt im kühlen Fluß, nachher fiel er todmüde ins Bett, und morgens hatte man Mühe, ihn zur Zeit wachzubringen.

Auch für die andern, Schömbeck vielleicht ausgenommen, war es jetzt in der Werkstatt ein böses Leben. Der Lehrling bekam Scheltworte und Ohrfeigen, der Meister war fortwährend barsch und erregt, und Trefz hatte Mühe, sein launisch-hastiges Wesen zu ertragen. Er fing allmählich auch an, brummig zu werden. Eine kurze Weile noch ließ er es gehen, wie es mochte, dann war seine Geduld erschöpft, und er stellte eines Mittags nach dem Essen den Meister im Hof.

»Was willst?« fragte Haager unfreundlich.

»Mit dir reden will ich einmal. Du weißt schon warum. Ich tue meine Arbeit, so gut du's verlangen kannst, oder nicht?«

»Ja, schon.«

»Also. Und du behandelst mich fast wie einen Lehrbuben. Es muß doch etwas dahinterstecken, daß ich dir auf einmal nichts mehr gelte. Sonst sind wir doch immer gut ausgekommen.«

»Lieber Gott, was soll ich sagen? Ich bin halt, wie ich bin, und kann mich nicht anders machen. Du hast auch deine Schrullen.«

»Jawohl, Haager, aber bei der Arbeit nicht, das ist der Unterschied. Ich kann dir nur sagen, du verdirbst dir selber dein Geschäft.«

»Das sind meine Sachen, nicht deine.«

»Na, dann tust du mir leid. Da will ich nicht weiterreden. Vielleicht wird's einmal von selber wieder anders.«

Er ging fort. An der Haustür traf er auf Schömbeck, der zugehört zu haben schien und leise lachte. Er hatte Lust, den Kerl zu verprügeln, aber er nahm sich zusammen und ging ruhig an ihm vorbei.

Er verstand jetzt, daß zwischen Haager und ihm etwas andres stehen müsse als nur eine Verstimmung, und er nahm sich vor, dem auf die Spur zu kommen. Freilich, am liebsten hätte er noch heute gekündigt, statt unter solchen Verhältnissen weiterzuarbeiten. Aber er konnte und mochte Gersau nicht verlassen, Marias wegen. Dagegen sah es aus, als läge dem Meister wenig daran, ihn zu behalten, obgleich sein Weggang ihm schaden mußte. Ärgerlich und traurig ging er, als es ein Uhr schlug, in die Werkstatt hinüber.

Am Nachmittag war in der Webfabrik drüben eine kleine Reparatur zu machen. Das kam häufig vor, da der Fabrikant mit einigen umgebauten alten Maschinen Versuche anstellte, an denen Haager beteiligt war. Früher waren diese Reparaturen und Änderungen meistens von Niklas Trefz ausgeführt worden. Neuerdings aber ging der Meister immer selbst hinüber, und wenn ein Gehilfe nötig war, nahm er Schömbeck oder den Volontär mit. Niklas hatte nichts dagegen gesagt, doch kränkte es ihn wie ein Zeichen von Mißtrauen. Er hatte drüben bei diesen Gelegenheiten immer die Testolini getroffen, die in jenem Saal arbeitete, und nun mochte er sich nicht zur Arbeit drängen, damit es nicht aussehe, als tue er es ihretwegen.

Auch heute ging der Meister mit Schömbeck hin und überließ dem Niklas die Beaufsichtigung der Werkstatt. Eine Stunde verging, dann kam Schömbeck mit einigen Werkzeugen zurück.

»An welcher Maschine seid ihr?« fragte Hans, den die Versuche dort interessierten.

»An der dritten, beim Eckfenster«, sagte Schömbeck und sah zu Niklas hinüber. »Ich hab alles allein machen müssen, weil sich der Meister so gut unterhalten hat.«

Niklas wurde aufmerksam, denn an jener Maschine hatte die Testolini Dienst. Er wollte an sich halten und sich mit dem Gesellen nicht einlassen, doch fuhr ihm wider seinen Willen die Frage heraus: »Mit wem denn? Mit der Maria?«

»Richtig geraten«, lachte Schömbeck. »Er macht ihr nach Noten den Hof. Es ist ja auch kein Wunder, so nett wie sie ist.«

Trefz gab ihm keine Antwort mehr. Er mochte Marias Namen aus diesem Munde und in diesem Ton nicht hören. Wuchtig setzte er die Feile wieder ein und maß, als er absetzen mußte, mit dem Kaliber so peinlich nach, als sei er mit allen Gedanken bei seiner Arbeit. Es lag ihm jedoch andres im Sinn. Ein böser Verdacht plagte ihn, und je mehr er daran herumsann, desto besser schien ihm alles Vergangene zu dem Verdacht zu passen. Der Meister stellte Maria nach, darum ging er seit einiger Zeit immer selber in die Fabrik hinüber und duldete ihn nimmer dort. Darum hatte er ihn so sonderbar grob und gereizt behandelt. Er war eifersüchtig, und er wollte es dahin treiben, daß er kündige und fortginge.

Aber er wollte nicht gehen, jetzt gerade nicht.

Am Abend suchte er Marias Wohnung auf. Sie war nicht

da, und er wartete vor dem Hause bis zehn Uhr auf der Bank unter den Weibern und Burschen, die sich da den Abend vertrieben. Als sie kam, ging er mit ihr hinauf.

»Hast du gewartet?« fragte sie unterwegs auf der Treppe.

Er gab aber keine Antwort. Stillschweigend ging er hinter ihr her bis in ihre Kammer und machte die Türe hinter ihr zu.

Sie drehte sich um und fragte: » Na, bist wieder letz? Wo fehlt's denn?«

Er sah sie an. »Wo kommst du her?«

»Von draußen. Ich bin mit der Lina und der Christiane gewesen.«

»So.«

»Und du?«

»Ich hab drunten gewartet. Ich muß was mit dir reden.«

»Auch schon wieder! Also red.«

»Wegen meinem Meister, du. Ich glaub, er läuft dir nach.«

»Der? Der Haager? Liebe Zeit, so laß ihn laufen.«

»Das laß ich ihn nicht, nein. Ich will wissen, was damit ist. Er geht jetzt immer selber, wenn's bei euch zu tun gibt, und heut war er wieder den halben Nachmittag bei dir an der Maschine. Jetzt sag, was hat er mit dir?«

»Nichts hat er. Er schwätzt mit mir, und das kannst du ihm nicht verbieten. Wenn's auf dich ankäme, müßt ich immer in einem Glaskasten sitzen!«

»Ich mache keinen Spaß, du. Gerade was er schwätzt, wenn er bei dir ist, möcht ich wissen.«

Sie seufzte gelangweilt und setzte sich aufs Bett.

»Laß doch den Haager!« rief sie ungeduldig. »Was wird's mit ihm sein? Verliebt ist er ein bißchen und macht mir den Hof.«

»Hast du ihm keine Maulschelle gegeben?«

»Herrgott, warum soll ich ihn nicht lieber gleich zum Fenster rausgeworfen haben! Ich laß ihn halt reden und lach' ihn aus. Heut hat er gesagt, er wolle mir eine Brosche schenken –«

»Was? Hat er? Und du, was hast du ihm gesagt?«

»Daß ich keine Broschen brauche, und er solle zu seiner Frau heimgehen. – Jetzt aber Punktum! Ist das eine Eifersucht! Du glaubst doch selber nicht im Ernst an das Zeug.«

»Ja, ja. Also denn gut Nacht, ich muß heim.«

Er ging, ohne sich mehr aufhalten zu lassen. Aber er war nicht beruhigt, obwohl er dem Mädchen eigentlich nicht mißtraute. Allein er wußte nicht, fühlte es aber dunkel, daß ihre Treue zur Hälfte Furcht vor ihm sei. Solange er da war, konnte er vielleicht sicher sein. Aber wenn er wandern mußte, nicht. Maria war eitel und hörte gern schöne Worte, sie hatte auch gar jung schon mit der Liebe angefangen. Und Haager war Meister und hatte Geld. Er konnte ihr Broschen anbieten, so sparsam er sonst war.

Niklas lief wohl eine Stunde lang in den Gassen herum, wo ein Fenster ums andre dunkel ward und schließlich nur noch die Wirtshäuser Licht hatten. Er suchte daran zu denken, daß ja noch gar nichts Schlimmes geschehen war. Aber es war ihm angst vor der Zukunft, vor morgen und vor jedem Tag, an dem er neben dem Meister stehen und mit ihm arbeiten und reden mußte, während er wußte, daß der Mensch Maria nachstellte. Wie sollte das werden?

Müde und verstört trat er in eine Wirtschaft, bestellte eine Flasche Bier und trank Kühlung und Linderung mit jedem rasch geleerten Glase. Er trank selten, meistens nur im Zorn oder wenn er ungewöhnlich heiter war, und er hatte wohl ein Jahr lang keinen Rausch mehr gehabt. Jetzt überließ er sich halb unbewußt einem rechenschaftslosen Kneipen, und war stark betrunken, als er das Wirtshaus wieder verließ. Doch hatte er noch so viel Besinnung, daß er es vermied, in diesem Zustande ins Haagersche Haus zu gehen. Er wußte unterhalb der Allee eine Wiese, die gestern geschnitten worden war. Dorthin ging er mit ungleichen Schritten und warf sich in das zur Nacht in Haufen getürmte Heu, wo er sogleich einschlief.

3

Als Niklas am folgenden Morgen müde und bleich, doch pünktlich zur rechten Zeit in die Werkstatt kam, war der Meister mit Schömbeck zufällig schon da. Trefz ging still an seinen Platz und griff nach der Arbeit. Da rief der Meister ihm zu:

»So, kommst auch endlich?«

»Ich bin auf die Minute dagewesen wie immer«, sagte Niklas mit mühsam gespielter Gleichgültigkeit. »Da droben hängt die Uhr.«

»Und wo bist die ganze Nacht gesteckt?«

»Geht's dich was an?«

»Ich will's meinen. Du wohnst bei mir im Haus, und da will ich Ordnung haben.«

Niklas lachte laut. Jetzt war es ihm einerlei, was kommen würde. Er hatte Haager und sein dummes Rechthabenwollen und alles satt.

»Was lachst du?« rief der Meister zornig.

»Ich muß eben lachen, Haager. Das kommt mir so, wenn ich was Lustiges höre.«

»Hier gibt's nichts Lustiges. Nimm dich in acht.«

»Vielleicht doch. Weißt du, Herr Meister, das mit der Ordnung hast du gut gesagt. ›Ich will Ordnung im Hause haben!‹ Schneidig hast du's gesagt. Aber es macht mich halt lachen, wenn einer von Ordnung redet und hat selber keine.«

»Was? Was hab ich?«

»Keine Ordnung im Haus. Mit uns zankst du und tust wüst um jedes Nichtslein. Aber wie ist's denn mit deiner Frau zum Beispiel?«

»Halt! Hund du! Hund, sag ich.«

Haager war herbeigesprungen und stand drohend vor dem Gesellen. Trefz aber, der dreimal stärker war, blinzelte ihn beinahe freundlich an.

»Ruhig!« sagte er langsam. »Beim Reden muß man höflich sein. Du hast mich vorher nicht ausreden lassen. Deine Frau geht mich freilich nichts an, wenn sie mir auch leid tut –«

»Dein Maul hältst du, oder –«

»Später dann, wenn ich fertig bin. Also deine Frau, sag ich, geht mich nichts an, und es geht mich auch nichts an, wenn du den Fabrikmädchen nachläufst, du geiler Aff. Aber die Maria geht mich was an, das weißt du so gut wie ich. Und wenn du mir die mit einem Finger anrührst, geht's dir elend schlecht, darauf kannst du dich verlassen. – So, jetzt hab ich meine Sache gesagt.«

Der Meister war blaß vor Erregung, aber er wagte es nicht, Hand an Niklas zu legen.

Auch waren mittlerweile Hans Dierlamm und der Lehrling gekommen und standen am Eingang, erstaunt über das Geschrei und die bösen Worte, die hier schon in den ersten nüchternen Morgenstunden tobten. Er hielt es für besser, keinen Skandal aufkommen zu lassen. Darum kämpfte und schluckte er eine kleine Weile, um seiner zitternden Stimme Herr zu werden.

Dann sagte er laut und ruhig: »Also genug jetzt. Du kannst nächste Woche gehen, ich habe schon einen neuen Gesellen in Aussicht. – Ans Geschäft, Leute, vorwärts!«

Niklas nickte nur und gab keine Antwort. Sorgfältig spannte er eine blanke Stahlwelle in die Drehbank, probierte den Drehstahl, schraubte ihn wieder ab und ging zum Schleifstein. Auch die andern gingen mit großer Beflissenheit ihren Geschäften nach, und den ganzen Vormittag wurden in der Werkstatt keine zehn Worte gewechselt. Nur in der Pause suchte Hans den Obergesellen auf und fragte ihn leise, ob er wirklich gehen werde.

»Versteht sich«, sagte Niklas kurz und wandte sich ab.

Die Mittagsstunde verschlief er, ohne zu Tische zu gehen, auf einem Hobelspansack in der Lagerkammer. Die Kunde von seiner Entlassung kam aber durch Schömbeck über Mittag unter die Arbeiter aus der Weberei, und die Testolini erfuhr sie gleich am Nachmittag von einer Freundin.

»Du, der Niklas geht weg. Es ist ihm gekündigt worden.«

»Der Trefz? Nein!«

»Jawohl, der Schömbeck hat's brühwarm herumerzählt, 's ist schad um ihn, nicht?«

»Ja, wenn's wahr ist. Aber der Haager ist doch ein Hitziger, der! Er hat ja schon lang mit mir anbändeln wollen.«

»Geh, dem würd ich auf die Hand spucken. Mit einem Verheirateten soll eine überhaupt nicht gehen, das gibt bloß dumme Geschichten und nachher nimmt dich keiner mehr.«

»Das wär das wenigste. Heiraten hätt ich schon zehnmal können, sogar einen Aufseher. Wenn ich nur möchte!«

Mit dem Meister wollte sie es drauf ankommen lassen, der war ihr einstweilen sicher. Aber den jungen Dierlamm wollte sie haben, wenn der Trefz fort war. Der Dierlamm war so nett und frisch und hatte so gute Manieren. Daß er auch noch eines reichen Mannes Sohn war, daran dachte sie nicht. Geld konnte sie dann schon von Haager oder sonstwo bekommen. Aber den Volontär hatte sie gern, der war hübsch und stark und doch noch fast ein Bub. Niklas tat ihr leid, und sie fürchtete sich vor den nächsten Tagen, bis er fort wäre. Sie hatte ihn liebgehabt und fand ihn noch immer wundervoll stattlich und schön, aber er hatte gar viel Launen und unnötige Sorgen, träumte immerfort vom Heiraten und war neuerdings so eifersüchtig, daß sie eigentlich wenig an ihm verlor.

Am Abend wartete sie auf ihn in der Nähe des Haagerschen Hauses. Gleich nach dem Abendessen kam er gegangen, sie grüßte und hängte bei ihm ein, und sie spazierten langsam vor die Stadt hinaus.

»Ist's wahr, daß er dir gekündigt hat?« fragte sie, da er nicht davon anfing.

»So, du weißt es auch schon?«

»Ja. Und was hast du im Sinn?«

»Ich fahre nach Eßlingen, dort ist mir schon lange eine Stelle angeboten. Und wenn's dort nichts ist, auf die Wanderschaft.«

»Und denkst nicht auch an mich?«

»Mehr als gut ist. Ich weiß nicht, wie ich's aushalten soll. Ich meine immer, du solltest halt mitkommen.«

»Ja, das wäre schon recht, wenn's ginge.«

»Warum geht's denn nicht?«

»Ach, sei doch gescheit! Du kannst doch nicht mit einem Frauenzimmer wandern gehen wie die Vagabunden.«

»Das nicht, aber wenn ich die Stelle habe –.«

»Ja, wenn du sie hast. Das ist's gerade. Wann willst du denn verreisen?«

»Am Sonntag.«

»Also dann schreibst du vorher noch und meldest dich an. Und wenn du dort unterkommst und es geht dir gut, dann schreibst du mir einen Brief und wir schauen dann weiter.«

»Du mußt dann nachkommen, gleich.«

»Nein, zuerst mußt du dort schauen, ob die Stelle gut ist und ob du bleiben kannst. Und dann geht es vielleicht, daß du mir auch eine Stelle dort besorgst, gelt? Und dann kann ich ja kommen und dich wieder trösten. Wir müssen halt jetzt eine Weile Geduld haben.«

»Ja, wie's in dem Lied heißt: ›Was steht den jungen Burschen wohl an? Geduld, Geduld, Geduld!‹ – Der Teufel hol's! Aber du hast recht, das ist wahr.«

Es gelang ihr, ihn zuversichtlicher zu machen, sie sparte die guten Worte nicht. Zwar dachte sie nicht daran, ihm jemals nachzureisen, aber einstweilen mußte sie ihm recht Hoffnung machen, sonst wurden diese nächsten Tage unerträglich. Und während sie ihn eigentlich schon fahren gelassen hatte und während sie überzeugt war, er werde in Eßlingen oder anderswo sie bald vergessen und eine andere finden, ward sie dennoch im Vorgefühl des Abschiednehmens in ihrem beweglichen Herzen zärtlicher und wärmer, als sie seit langer Zeit gegen ihn gewesen war. Er wurde schließlich beinahe vergnügt.

Das dauerte jedoch nur so lange, als Maria bei ihm war. Kaum saß er daheim auf dem Rand seiner Bettstatt, so war alle Zuversicht verflogen. Wieder quälte er sich mit angstvoll mißtrauischen Gedanken. Es fiel ihm plötzlich auf, daß sie eigentlich über die Nachricht von der Kündigung gar nicht betrübt gewesen war. Sie hatte es ganz leicht genommen und nicht einmal gefragt, ob er nicht doch noch dableiben könne. Zwar konnte er das nicht, aber sie hätte doch fragen sollen. Und ihre Zukunftspläne schienen ihm jetzt auch nimmer so einleuchtend.

Er hatte den Brief nach Eßlingen heute noch schreiben wollen. Aber sein Kopf war jetzt leer und elend und die Müdigkeit überkam ihn so plötzlich, daß er beinahe in den Kleidern eingeschlafen wäre. Er stand willenlos auf, zog sich aus und legte sich ins Bett. Doch hatte er keine ruhige Nacht. Die Schwüle, die schon seit mehreren Tagen in dem engen Flußtal zögerte, wuchs von Stunde zu Stunde, ferne Donnerwetter zankten jenseits der Berge, und der Himmel zuckte im beständigen Wetterleuchten, ohne daß doch ein Gewitter oder Platzregen Luft und Kühle bringen wollte.

Am Morgen war Niklas müde, nüchtern und mißvergnügt. Auch sein gestriger Trotz war zum größeren Teil vergangen. Ein jämmerliches Vorgefühl von Heimweh fing an, ihn zu beklemmen. Überall sah er Meister, Gesellen, Lehrlinge, Fabrikler und Fabrikweiber gleichmütig in ihre Geschäfte und abends wieder heraus laufen, ja ein jeder Hund schien sich seines Rechtes auf Heimat und Haus zu freuen. Er aber sollte wider seinen Willen und wider alle Vernunft seine Arbeit, die ihm lieb war, und sein Städtchen verlassen und anderwärts um das bitten und sich bemühen, was er hier so lange Zeit unangefochten besessen hatte. Der starke Mensch wurde weichmütig. Still und gewissenhaft ging er seiner Arbeit nach, sagte dem Meister und sogar Schömbeck freundlich guten Morgen, und wenn Haager an ihm vorüberging, sah er ihn beinahe flehentlich an und meinte jeden Augenblick, es tue dem Haager leid und er werde die Kündigung zurücknehmen, da er sich so willfährig zeigte. Allein Haager wich seinen Blicken aus und tat, als sei er schon nimmer da und zu Haus und zu Werkstatt gehörig. Nur Hans Dierlamm hielt sich zu ihm und gab durch ein revolutionäres Gebärdenspiel zu verstehen, daß er auf den Meister und auf Schömbeck pfeife und mit den Zuständen durchaus nicht einverstanden sei. Aber damit war dem Niklas nicht geholfen.

Auch die Testolini, zu der Trefz am Abend traurig und mißmutig ging, gab ihm keinen Trost. Zwar hätschelte sie ihn mit Liebkosungen und guten Worten, aber auch sie redete von seinem Fortgehen recht gleichmütig als von einer beschlossenen und unabänderlichen Sache; und als er auf die Trostgründe und auf die Vorschläge und Pläne zu sprechen kam, die sie gestern selber vorgebracht hatte, ging sie zwar darauf ein, schien aber doch alles nicht so ernst genommen zu haben und hatte sogar einige ihrer eignen Vorschläge offenbar schon wieder vergessen. Er hatte die Nacht bei ihr bleiben wollen, änderte aber seinen Sinn und ging zeitig weg.

In seiner Betrübnis wanderte er ziellos in der Stadt umher. Beim Anblick des kleinen Vorstadthauses, in dem er als Waisenkind bei fremden Leuten aufgewachsen war und wo jetzt eine andre Familie wohnte, fiel ihm flüchtig die Schulzeit und die Lehrlingszeit und manches Schöne von damals ein, aber es schien unendlich weit zurück zu liegen und berührte ihn nur mit leisem Anklang an Verlorenes und Fremdgewordenes. Schließlich ward die ungewohnte Hingabe an solche Gefühlsregungen ihm selber zuwider. Er zündete sich eine Zigarre an, machte ein unbekümmertes Gesicht und trat in eine Gartenwirtschaft, wo er sogleich von einigen Arbeitern aus der Weberei erkannt und angerufen wurde.

»Was ist«, rief ihm einer entgegen, der schon angeheitert war, »du wirst doch auch einen Abschied feiern und was zahlen, nicht?«

Niklas lachte und setzte sich unter die kleine Gesellschaft. Er versprach, für jeden zwei Schoppen Bier zu spenden, und bekam dafür von allen Seiten zu hören, wie schade es um ihn sei, daß er fort wolle, so ein netter und beliebter Kerl, und ob er nicht doch noch am Ende dableibe. Er tat nun auch, als sei die Kündigung von ihm ausgegangen, und prahlte mit guten Stellungen, die er in Aussicht habe. Ein Lied wurde gesungen, man stieß mit den Gläsern an, lärmte und lachte, und Niklas geriet in eine künstliche laute Fröhlichkeit hinein, die ihm übel anstand und deren er sich eigentlich schämte. Doch wollte er nun einmal den munteren Bruder spielen, und um ein übriges zu tun, ging er ins Haus und kaufte drinnen ein Dutzend Zigarren für seine Kameraden.

Wie er wieder in den Wirtsgarten trat, hörte er an jenem Tisch seinen Namen nennen. Die meisten dort waren leicht betrunken, sie schlugen beim Reden auf den Tisch und lachten unbändig. Niklas merkte, daß von ihm die Rede war, er blieb hinter einem Baum verborgen stehen und hörte zu. Als er das wüste Gelächter, das ihm zu gelten schien, gehört hatte, war seine Ausgelassenheit unversehens verdampft. Aufmerksam und bitter stand er im Dunkeln und horchte, wie über ihn geredet wurde.

»Ein Narr ist er schon«, meinte einer von den Stilleren, »aber vielleicht ist der Haager doch der Dümmere. Der Trefz ist vielleicht froh, daß er bei der Gelegenheit die Welsche los wird.«

»Da kennst du den schlecht«, meinte ein andrer. »Der hängt an der Person wie eine Klette. Und so vernagelt wie er ist, weiß er vielleicht nicht einmal, wohin der Hase läuft.

Nachher wollen wir's mal probieren und ihn ein bißchen kitzeln.«

»Paß aber auf! Der Niklas kann ungemütlich werden.«

»Ach, der! Der merkt ja nichts. Gestern abend ist er mit ihr spazierengelaufen, und kaum ist er heim ins Bett, so kommt der Haager und geht mit ihr. Die nimmt ja einen jeden. Ich möcht nur wissen, wen sie heut bei sich hat.«

»Ja, mit dem Dierlamm hat sie auch angebändelt, mit dem Volontärbuben. Es muß scheint's doch allemal ein Schlosser sein.«

»Oder er muß Geld haben! Aber von dem kleinen Dierlamm hab ich's nicht gewußt. Hast du's selber gesehen?«

»Und ob. In der Sackkammer und einmal auf der Stiege. Sie haben einander verküßt, daß mir's ganz gegraust hat. Der Bube fängt beizeiten an, gerade wie sie auch.«

Niklas hatte genug. Wohl spürte er Lust, mit einem Donnerwetter zwischen die Kerle zu fahren. Doch tat er es nicht, sondern ging still davon.

Auch Hans Dierlamm hatte in den letzten Nächten nicht gut geschlafen. Die Liebesgedanken, der Ärger in der Werkstatt und die schwüle Hitze plagten ihn, und morgens kam er öfters eine Weile zu spät ins Geschäft.

Am folgenden Tage, nachdem er hastig Kaffee getrunken hatte und die Treppe hinabgeeilt war, kam ihm zu seinem Erstaunen Niklas Trefz entgegen.

»Grüß Gott«, rief Hans, »was gibt's Neues?«

»Arbeit in der Sägemühle draußen, du sollst mitkommen.« Hans war verwundert, teils über den ungewohnten Auftrag, teils darüber, daß Trefz ihn auf einmal duzte. Er sah, daß dieser einen Hammer und einen kleinen Werkzeugkasten trug. Er nahm ihm den Kasten ab, und sie gingen miteinander flußaufwärts, zur Stadt hinaus, zuerst an Gärten, dann an Wiesen hin. Der Morgen war dunstig und heiß, in der Höhe schien ein Westwind zu gehen, unten im Tal aber herrschte völlige Windstille.

Der Geselle war finster und sah mitgenommen aus, wie nach einer argen Kneipnacht. Hans fing nach einer Weile zu plaudern an, bekam aber keine Antwort. Niklas tat ihm leid, doch wagte er nichts mehr zu sagen.

Auf halbem Wege zur Sägmühle, wo der gewundene Flußlauf eine kleine, mit jungen Erlen bestandene Halbinsel umschloß, machte Niklas plötzlich halt. Er ging zu den Erlen hinab, legte sich ins Gras und winkte Hans, er solle auch kommen. Der folgte gern, und sie lagen nun eine längere Zeit nebeneinander ausgestreckt, ohne ein Wort zu reden.

Am Ende schlief Dierlamm ein. Niklas beobachtete ihn, und als er eingeschlafen war, beugte er sich über ihn und schaute ihm mit großer Aufmerksamkeit ins Gesicht, eine gute Weile. Er seufzte dazu und sprach murmelnd mit sich selber.

Schließlich sprang er zornig auf und gab dem Schläfer einen Fußtritt. Erschreckt und verwirrt taumelte Hans auf.

»Was ist?« fragte er unsicher. »Hab ich so lang geschlafen?«

Niklas sah ihn an, wie er ihn vorher angesehen hatte, mit merkwürdig verwandelten Augen. Er fragte: »Bist du wach?« Hans nickte ängstlich.

»Also, paß auf! Da neben mir liegt ein Hammer. Siehst du ihn?«

»Ja.«

»Weißt du, für was ich ihn mitgenommen hab?«

Hans sah ihm in die Augen und erschrak unsäglich. Furchtbare Ahnungen drängten in ihm auf. Er wollte fortlaufen, aber Trefz hielt ihn mit einem mächtigen Griff fest.

»Nicht fortlaufen! Du mußt mir zuhören. Also den Hammer, den hab ich mitgenommen, weil ich – –. Oder so ... den Hammer ...«

Hans begriff alles und schrie in Todesangst auf. Niklas schüttelte den Kopf.

»Mußt nicht schreien. Willst du mir jetzt zuhören?«

»Ja –.«

»Du weißt ja schon, von was ich rede. Also ja, den Hammer hab ich dir auf den Kopf hauen wollen. – Sei ruhig! Hör mich! – Aber es ist nicht gegangen. Ich kann's nicht. Und es ist auch nicht recht ehrlich, vollends im Schlaf! Aber jetzt bist du wach, und den Hammer hab ich dahin gelegt. Und jetzt sag ich dir: Wir wollen miteinander ringen, du bist ja auch stark. Wir ringen, und wer den andern drunten hat, der kann den Hammer nehmen und zuschlagen. Du oder ich, einer muß dran glauben.«

Aber Hans schüttelte den Kopf. Die Todesangst war von ihm gewichen, er fühlte nur eine schneidend herbe Trauer und ein beinahe unerträgliches Mitleid.

»Warten Sie noch«, sagte er leise. »Ich will vorher reden. Wir können ja noch einmal hinsitzen, nicht?«

Und Niklas folgte. Er fühlte, daß Hans etwas zu sagen habe und daß nicht alles so sei, wie er es gehört und sich ausgedacht hatte.

»Es ist wegen der Maria?« fing Hans an, und Trefz nickte. Nun erzählte Hans alles. Er verschwieg nichts und suchte nichts von sich abzuwälzen, er schonte aber auch das Mädchen nicht, denn er fühlte wohl, daß alles darauf ankam, ihn von ihr abzubringen. Er sprach von jenem Abend, da Niklas

Geburtstag gefeiert hatte, und von seiner letzten Zusammenkunft mit Maria.

Als er schwieg, gab Niklas ihm die Hand und sagte: »Ich weiß, daß Sie nicht gelogen haben. Sollen wir jetzt in die Werkstatt zurück?«

»Nein«, meinte Hans, »ich schon, aber Sie nicht. Sie sollten gleich jetzt verreisen, das wär am besten.«

»Ja schon. Aber ich brauche mein Arbeitsbuch und ein Zeugnis vom Meister.«

»Das besorge ich. Kommen Sie am Abend zu mir, da bring ich Ihnen alles. Sie können einstweilen Ihre Sachen einpakken, nicht?«

Niklas besann sich. »Nein«, sagte er dann, »es ist doch nicht das Richtige. Ich gehe mit in die Werkstatt und bitte den Haager, daß er mich schon heute gehen läßt. Ich danke schön, daß Sie das alles für mich haben ausfressen wollen, aber es ist besser, ich geh selber.«

Sie kehrten miteinander um. Als sie zurückkamen, war mehr als der halbe Vormittag verstrichen, und Haager empfing sie mit heftigen Vorwürfen. Niklas bat ihn aber, zum Abschied noch einmal in Güte und Ruhe mit ihm zu reden, und nahm ihn mit vor die Türe. Als sie wiederkamen, gingen sie beide ruhig an ihre Plätze und nahmen eine Arbeit vor. Aber am Nachmittag war Niklas nimmer da, und in der nächsten Woche stellte der Meister einen neuen Gesellen ein.

(1908)

Taedium vitae

Erster Abend

Es ist Anfang Dezember. Der Winter zögert noch, Stürme heulen und seit Tagen fällt ein dünner, hastiger Regen, der sich manchmal, wenn es ihm selber zu langweilig wird, für eine Stunde in nassen Schnee verwandelt. Die Straßen sind ungangbar, der Tag dauert nur sechs Stunden.

Mein Haus steht allein im freien Felde, umgeben vom heulenden Westwind, von Regendämmerung und Geplätscher, von dem braunen, triefenden Garten und schwimmenden bodenlos gewordenen Feldwegen, die nirgendshin führen. Es kommt niemand, es geht niemand, die Welt ist irgendwo in der Ferne untergegangen. Es ist alles, wie ich mir's oft gewünscht habe – Einsamkeit, vollkommene Stille, keine Menschen, keine Tiere, nur ich allein in einem Studierzimmer, in dessen Kamin der Sturm jammert und an dessen Fensterscheiben Regen klatscht.

Die Tage vergehen so: Ich stehe spät auf, trinke Milch, besorge den Ofen. Dann sitze ich im Studierzimmer, zwischen dreitausend Büchern, von denen ich zwei abwechselnd lese. Das eine ist die »Geheimlehre« der Frau Blavatsky, ein schauerliches Werk. Das andere ist ein Roman von Balzac. Manchesmal stehe ich auf, um ein paar Zigarren aus der Schublade zu holen, zweimal um zu essen. Die »Geheimlehre« wird immer dicker, sie wird nie ein Ende nehmen und mich ins Grab begleiten. Der Balzac wird immer dünner, er schwindet täglich, obwohl ich nicht viel Zeit an ihn wende.

Wenn mir die Augen weh tun, setze ich mich in den Lehnstuhl und schaue zu, wie die dürftige Tageshelle an den bücherbedeckten Wänden hinstirbt und versiegt. Oder ich stelle mich vor die Wände und schaue die Bücherrücken an. Sie sind meine Freunde, sie sind mir geblieben, sie werden mich überleben; und wenn auch mein Interesse für sie im Schwinden begriffen ist, muß ich mich doch an sie halten, da ich nichts anderes habe. Ich schaue sie an, diese stummen, zwangsweise treu gebliebenen Freunde, und denke an ihre Geschichten. Da ist ein griechischer Prachtband, in Leyden gedruckt, irgendein Philosoph. Ich kann ihn nicht lesen, ich kann schon lang kein Griechisch mehr. Ich kaufte ihn in Venedig, weil er billig war und weil der Antiquar ganz überzeugt war, ich lese Griechisch geläufig. So kaufte ich ihn, aus Verlegenheit, und schleppte ihn in der Welt herum, in Koffern und Kisten, sorgfältig eingepackt und ausgepackt, bis hierher, wo ich nun festsitze und wo auch er seinen Stand und seine Ruhe gefunden hat.

So vergeht der Tag, und der Abend vergeht bei Lampenlicht, Büchern, Zigarren, bis gegen zehn Uhr. Dann steige ich im kalten Nebenzimmer ins Bett, ohne zu wissen warum, denn ich kann wenig schlafen. Ich sehe das Fensterviereck, den weißen Waschtisch, ein weißes Bild überm Bett in der Nachtblässe schwimmen, ich höre den Sturm im Dach poltern und an den Fenstern zittern, höre das Stöhnen der Bäume, das Fallen des gepeitschten Regens, meinen Atem, meinen leisen Herzschlag. Ich mache die Augen auf, ich mache sie wieder zu; ich versuche an meine Lektüre zu denken, doch gelingt es mir nicht. Stattdessen denke ich an andere Nächte, an zehn, an zwanzig vergangene Nächte, da ich ebenso lag, da ebenso das bleiche Fenster schimmerte und mein leiser Herzschlag die blassen, wesenlosen Stunden abzählte. So vergehen die Nächte.

Sie haben keinen Sinn, so wenig wie die Tage, aber sie

vergehen doch, und das ist ihre Bestimmung. Sie werden kommen und vergehen, bis sie wieder irgendeinen Sinn erhalten oder auch bis sie zu Ende sind, bis mein Herzschlag sie nimmer zählen kann. Dann kommt der Sarg, das Grab, vielleicht an einem hellblauen Septembertag, vielleicht bei Wind und Schnee, vielleicht im schönen Juni, wenn der Flieder blüht.

Immerhin sind meine Stunden nicht alle so. Eine, eine halbe von hundert ist doch anders. Dann fällt mir plötzlich das wieder ein, an was ich eigentlich immerfort denken will und was mir die Bücher, der Wind, der Regen, die blasse Nacht immer wieder verhüllen und entziehen. Dann denke ich wieder: Warum ist das so? Warum hat Gott dich verlassen? Warum ist deine Jugend von dir gewichen? Warum bist du so tot?

Das sind meine guten Stunden. Dann weicht der erdrükkende Nebel. Geduld und Gleichgültigkeit fliehen fort, ich schaue erwacht in die scheußliche Öde und kann wieder fühlen. Ich fühle die Einsamkeit wie einen gefrorenen See um mich her, ich fühle die Schande und Torheit dieses Lebens, ich fühle den Schmerz um die verlorene Jugend grimmig flammen. Es tut weh, freilich, aber es ist doch Schmerz, es ist doch Scham, es ist doch Qual, es ist doch Leben, Denken, Bewußtsein.

Warum hat Gott dich verlassen? Wo ist deine Jugend hin? Ich weiß es nicht, ich werde es nie erdenken. Aber es sind doch Fragen, es ist doch Auflehnung, es ist doch nicht mehr Tod.

Und statt der Antwort, die ich doch nicht erwarte, finde ich neue Fragen. Zum Beispiel: Wie lang ist es her? Wann war's das letzte Mal, daß du jung gewesen bist?

Ich denke nach, und die erfrorene Erinnerung kommt

langsam in Fluß, bewegt sich, schlägt unsichere Augen auf und strahlt unversehens ihre klaren Bilder aus, die unverloren unter der Todesdecke schliefen.

Anfangs will es mir scheinen, die Bilder seien ungeheuer alt, zum mindesten zehn Jahre alt. Aber das taub gewordene Zeitgefühl wird zusehends wacher, legt den vergessenen Maßstab auseinander, nickt und mißt. Ich erfahre, daß alles viel näher beieinander liegt, und nun tut auch das entschlafene Identitätsbewußtsein die hochmütigen Augen auf und nickt bestätigend und frech zu den unglaublichsten Dingen. Es geht von Bild zu Bild und sagt: »Ja, das war ich«, und jedes Bild rückt damit sofort aus seiner kühlschönen Beschaulichkeit heraus und wird ein Stück Leben, ein Stück meines Lebens. Das Identitätsbewußtsein ist eine zauberhafte Sache, gar fröhlich zu sehen, und doch unheimlich. Man hat es, und man kann doch ohne es leben und tut es oft genug, wenn nicht meistens. Es ist herrlich, denn es vernichtet die Zeit; und ist schlimm, denn es leugnet den Fortschritt.

Die erwachten Funktionen arbeiten, und sie stellen fest, daß ich einmal an einem Abend im vollen Besitz meiner Jugend war, und daß es erst vor einem Jahr gewesen ist. Es war ein unbedeutendes Erlebnis, viel zu klein, als daß es sein Schatten sein könnte, in dem ich nun so lange lichtlos lebe. Aber es war ein Erlebnis, und da ich seit Wochen, vielleicht Monaten vollkommen ohne Erlebnisse war, dünkt es mir eine wunderbare Sache, schaut mich wie ein Paradieslein an und tut viel wichtiger, als nötig wäre. Allein mir ist das lieb, ich bin dafür unendlich dankbar. Ich habe eine gute Stunde. Die Bücherreihen, die Stube, der Ofen, der Regen, das Schlafzimmer, die Einsamkeit, alles löst sich auf, zerrinnt, schmilzt hin. Ich rege, für eine Stunde, befreite Glieder.

Das war vor einem Jahr, Ende November, und es war ein ähnliches Wetter wie jetzt, nur war es fröhlich und hatte einen Sinn. Es regnete viel, aber melodisch schön, und ich hörte nicht vom Schreibtisch aus zu, sondern ging im Mantel und auf leisen, elastischen Gummischuhen draußen umher und betrachtete die Stadt. Ebenso wie der Regen war mein Gang und meine Bewegungen und mein Atem, nicht mechanisch, sondern schön, freiwillig, voller Sinn. Auch die Tage schwanden nicht so totgeboren hin, sie verliefen im Takte, mit Hebungen und Senkungen, und die Nächte waren lächerlich kurz und erfrischend, kleine Ruhepausen zwischen zwei Tagen, nur von den Uhren gezählt. Wie herrlich ist es, so seine Nächte zu verbringen, ein Drittel seines Lebens guten Mutes zu verschwenden, statt dazuliegen und die Minuten nachzuzählen, von denen doch keine den geringsten Wert hat.

Die Stadt war München. Ich war dorthin gereist, um ein Geschäft zu besorgen, das ich aber nachher brieflich abtat, denn ich traf so viele Freunde, sah und hörte so viel Hübsches, daß an Geschäfte nicht zu denken war. Einen Abend saß ich in einem schönen, wundervoll erleuchteten Saal und hörte einen kleinen, breitschultrigen Franzosen namens Lamond Stücke von Beethoven spielen. Das Licht glänzte, die schönen Kleider der Damen funkelten freudevoll, und durch den hohen Saal flogen große, weiße Engel, verkündeten Gericht und verkündeten frohe Botschaft, gossen Füllhörner der Lust aus und weinten schluchzend hinter vorgehaltenen, durchsichtigen Händen.

Eines Morgens fuhr ich, nach einer durchgezechten Nacht, mit Freunden durch den Englischen Garten, sang Lieder und trank beim Aumeister Kaffee. Einen Nachmittag war ich ganz von Gemälden umgeben, von Bildnissen, von

Waldwiesen und Meerufern, von denen viele wunderbar erhöht und paradiesisch atmeten wie eine neue, unbefleckte Schöpfung. Abends sah ich den Glanz der Schaufenster, der für Landleute unendlich schön und gefährlich ist, sah Photographien und Bücher ausgestellt, und Schalen voll fremdländischer Blumen, teure Zigarren in Silberpapier gewickelt und feine Lederwaren von lachender Eleganz. Ich sah elektrische Lampen in den feuchten Straßen spiegelnd blitzen und die Helme alter Kirchentürme in Wolkendämmerung verschwinden.

Mit alledem verging die Zeit schnell und leicht, wie ein Glas leer wird, aus dem jeder Schluck Vergnügen macht. Es war Abend, ich hatte meinen Koffer gepackt und mußte morgen abreisen, ohne daß es mir leid tat. Ich freute mich schon auf die Eisenbahnfahrt an Dörfern, Wäldern und schon beschneiten Bergen vorbei, und auf die Heimkehr.

Für den Abend war ich noch eingeladen, in einem schönen neuen Hause in einer vornehmen Schwabinger Straße, wo es mir bei lebhaften Gesprächen und feinen Speisen wohl erging. Es waren auch einige Frauen da, doch bin ich im Verkehr mit solchen schamhaft und behindert, so daß ich mich lieber zu den Männern hielt. Wir tranken Weißwein aus dünnen Kelchgläsern, und rauchten gute Zigarren, deren Asche wir in silberne, innen vergoldete Becher fallen ließen. Wir sprachen von Stadt und Land, von der Jagd und vom Theater, auch von der Kultur, die uns nahe herbeigekommen schien. Wir sprachen laut und zart, mit Feuer und mit Ironie, ernst und witzig, und schauten uns klug und lebhaft in die Augen.

Erst spät, als der Abend beinahe vorüber war und das Männergespräch sich zur Politik wandte, wovon ich wenig verstehe, sah ich mir die eingeladenen Damen an. Sie wurden von einigen jungen Malern und Bildhauern unterhalten, die zwar arme Teufel, aber sämtlich mit großer Eleganz gekleidet waren, so daß ich ihnen gegenüber nicht Mitleid fühlen konnte, sondern Achtung und Respekt empfinden mußte. Doch ward ich auch von ihnen liebenswürdig geduldet, ja als zugereister Gast vom Lande freundlich ermuntert, so daß ich meine Schüchternheit ablegte und auch mit ihnen ganz brüderlich ins Reden kam. Daneben warf ich neugierige Blicke auf die jungen Damen.

Unter ihnen entdeckte ich nun eine ganz junge, vielleicht neunzehn Jahre alt, mit hellblonden, kinderharten Haaren und einem blauäugigen, schmalen Mädchengesicht. Sie trug ein helles Kleid mit blauen Besätzen und saß horchend und zufrieden auf ihrem Sessel. Ich sah sie kaum, da ging auch schon ihr Stern mir auf, daß ich ihre feine Gestalt und innige, unschuldige Schönheit im Herzen begriff und die Melodie erfühlte, in welche eingehüllt sie sich bewegte. Eine stille Freude und Rührung machte meinen Herzschlag leicht und schnell, und ich hätte sie gerne angeredet, doch wußte ich nichts Stichhaltiges zu sagen. Sie selber sprach wenig, lächelte nur, nickte und sang kurze Antworten mit einer leichten, hold schwebenden Stimme. Über ihr dünnes Handgelenk fiel eine Manschette aus Spitzen, daraus die Hand mit den zarten Fingern kindlich und beseelt hervorschaute. Ihr Fuß, den sie spielend schaukelte, war mit einem feinen, hohen Stiefel aus braunem Leder bekleidet, und seine Form und Größe stand, wie auch die ihrer Hände in einem richtigen, wohlgefälligen Verhältnis zu der ganzen Gestalt.

»Ach du!« dachte ich mir und sah sie an, »du Kind, du schöner Vogel du! Wohl mir, daß ich dich in deinem Frühling sehen darf.«

Es waren noch andere Frauen da, glänzendere und verheißungsvolle in reifer Pracht, und kluge mit durchdringenden Augen, doch hatte keine einen solchen Duft und keine war so von sanfter Musik umflossen. Sie sprachen und lachten und führten Krieg mit Blicken aus Augen aller Farben. Sie zogen auch mich gütig und neckend ins Gespräch und erwiesen mir Freundlichkeit, doch gab ich nur wie im Schlummer Antwort und blieb mit dem Gemüt bei der Blonden, um ihr Bild in mich zu fassen und die Blüte ihres Wesens nicht aus der Seele zu verlieren.

Ohne daß ich darauf achtete, wurde es spät, und plötzlich waren alle aufgestanden und unruhig geworden, gingen hin und her und nahmen Abschied. Da erhob auch ich mich schnell und tat dasselbe. Draußen zogen wir Mäntel und Kragen an, und ich hörte einen von den Malern zu der Schönen sagen: »Darf ich Sie begleiten?« Und sie sagte: »Ja, aber das ist ein großer Umweg für Sie. Ich kann ja auch einen Wagen nehmen.«

Da trat ich rasch hinzu und sagte: »Lassen Sie mich mitgehen, ich habe den gleichen Weg.«

Sie lächelte und sagte: »Gut, danke schön.« Und der Maler grüßte höflich, sah mich verwundert an und ging davon.

Nun schritt ich neben der lieben Gestalt die nächtliche Straße hinab. An einer Ecke stand eine späte Droschke und schaute uns aus müden Laternen an. Sie sagte: »Soll ich nicht lieber die Droschke nehmen? Es ist eine halbe Stunde weit.« Ich bat sie jedoch, es nicht zu tun. Nun fragte sie plötzlich: »Woher wissen Sie denn, wo ich wohne?«

»Oh, das ist ja gleichgültig. Übrigens weiß ich es gar nicht.«

»Sie sagten doch, Sie hätten den gleichen Weg?«

»Ja, den habe ich. Ich wäre ohnehin noch eine halbe Stunde spazieren gegangen.«

Wir schauten an den Himmel, der war klar geworden und stand voll von Sternen, und durch die weiten, stillen Straßen strich ein frischer, kühler Wind.

Anfangs war ich in Verlegenheit, da ich durchaus nichts mit ihr zu reden wußte. Sie schritt jedoch frei und unbefangen dahin, atmete die reine Nachtluft mit Behagen und tat nur hie und da, wie es ihr einfiel, einen Ausruf oder eine Frage, auf die ich pünktlich Antwort gab. Da wurde auch ich wieder frei und zufrieden, und es ergab sich im Takt unserer Schritte ein ruhiges Plaudern, von dem ich heute kein Wort mehr weiß.

Wohl aber weiß ich noch, wie ihre Stimme klang; sie klang rein, vogelleicht und dennoch warm, und ihr Lachen ruhig und fest. Ihr Schritt nahm meinen gleichmäßig mit, ich bin nie so froh und schwebend gegangen, und die schlafende Stadt mit Palästen, Toren, Gärten und Denkmälern glitt still und schattenhaft an uns vorüber.

Es begegnete uns ein alter Mann in schlechten Kleidern, der nicht mehr gut zu Fuße war. Er wollte uns ausweichen, doch nahmen wir das nicht an, sondern machten ihm zu beiden Seiten Platz, und er drehte sich langsam um und blickte uns nach.

»Ja, schau du nur!« sagte ich, und das blonde Mädchen lachte vergnügt.

Von hohen Türmen schollen Stundenschläge, flogen klar und frohlockend im frischen Winterwind über die Stadt und vermischten sich fern in den Lüften zu einem verhallenden Brausen. Ein Wagen fuhr über einen Platz, die Hufschläge tönten klappernd auf dem Pflaster, die Räder aber hörte man nicht, sie liefen auf Gummireifen.

Neben mir schritt heiter und frisch die schöne junge Gestalt, die Musik ihres Wesens umschloß auch mich, mein Herz schlug denselben Takt wie ihres, meine Augen sahen alles, was ihre Augen sahen. Sie kannte mich nicht, und ich wußte ihren Namen nicht, aber wir waren beide sorgenlos und jung, wir waren Kameraden wie zwei Sterne und wie zwei Wolken, die denselben Weg ziehen, dieselbe Luft atmen und sich ohne Worte wunschlos wohl fühlen. Mein Herz war wieder neunzehn Jahre alt und unversehrt.

Mir schien, wir beide müßten ohne Ziel und unermüdet weiter wandern. Mir schien, wir gingen schon unausdenklich lange nebeneinander, und es könnte nie ein Ende nehmen. Die Zeit war ausgelöscht, ob auch die Uhren schlugen.

Da aber blieb sie unvermutet stehen, lächelte, gab mir die Hand und verschwand in einem Haustor.

Zweiter Abend

Ich habe den halben Tag gelesen und meine Augen schmerzen, ohne daß ich weiß, warum ich sie eigentlich so anstrenge. Aber auf irgendeine Art muß ich die Zeit doch hinbringen. Jetzt ist es wieder Abend, und indem ich überlese, was ich gestern schrieb, richtet sich jene vergangene Zeit wieder auf, blaß und entrückt, aber doch erkennbar. Ich sehe Tage und Wochen, Ereignisse und Wünsche, Gedachtes und Erlebtes schön verknüpft und in sinnvoller Folge aneinander gereiht, ein richtiges Leben mit Kontinuität und Rhythmus, mit Interessen und Zielen, und mit der wunderbaren Berechtigung und Selbstverständlichkeit eines gewöhnlichen, gesunden Lebens, was alles mir seither so völlig abhanden gekommen ist.

Also ich war, am Tag nach jenem schönen Abendgang mit dem fremden Mädchen, abgereist und in meine Heimat gefahren. Ich saß fast ganz allein im Wagen und freute mich über den guten Schnellzug und über die fernen Alpen, die eine Zeitlang klar und glänzend zu sehen waren. In Kempten aß ich am Büffet eine Wurst und unterhielt mich mit dem Schaffner, dem ich eine Zigarre kaufte. Später wurde das Wetter trüb, und den Bodensee sah ich grau und groß wie ein Meer im Nebel und leisem Schneegeriesel liegen.

Zu Hause in demselben Zimmer, in dem ich auch jetzt sitze, machte ich mir ein gutes Feuer in den Ofen und ging mit Eifer an meine Arbeit. Es kamen Briefe und Bücherpakete und gaben mir zu tun, und einmal in der Woche fuhr ich ins Städtchen hinüber, machte meine paar Einkäufe, trank ein Glas Wein und spielte eine Partie Billard.

Dabei merkte ich doch allmählich, daß die freudige Munterkeit und zufriedene Lebenslust, mit der ich noch kürzlich in München umhergegangen war, sich anschickte zur Neige zu gehen und durch irgendeinen kleinen, dummen Riß zu entrinnen, so daß ich langsam in einen minder hellen, träumerischen Zustand hineingeriet. Im Anfang dachte ich, es werde ein kleines Unwohlsein sich ausbrüten, darum fuhr ich in die Stadt und nahm ein Dampfbad, das jedoch nichts helfen wollte. Ich sah auch bald ein, daß dieses Übel nicht in den Knochen und im Blut steckte. Denn ich begann jetzt, ganz wider oder doch ohne meinen Willen, zu allen Stunden des Tages mit einer gewissen hartnäckigen Begierde an München zu denken, als ob ich in dieser angenehmen Stadt etwas Wesentliches verloren hätte. Und ganz allmählich nahm dieses Wesentliche für mein Bewußtsein Gestalt an, und es war die liebliche schlanke Gestalt der neunzehnjährigen Blonden. Ich merkte, daß ihr Bildnis und jener dankbar frohe abendliche Gang an ihrer Seite in mir nicht zur stillen Erinnerung, sondern zu einem Teil meiner selbst geworden war, der jetzt zu schmerzen und zu leiden anfing.

Es ging schon leis in den Frühling hinein, da war die Sache reif und brennend geworden und ließ sich auf keine Weise mehr unterschlagen. Ich wußte jetzt, daß ich das liebe Mädchen wiedersehen müsse, ehe an anderes zu denken war. Wenn alles stimmte, so durfte ich den Gedanken nicht scheuen, meinem stillen Leben Fahrwohl zu sagen und mein harmloses Schicksal mitten in den Strom zu lenken. War es auch bisher meine Absicht gewesen, meinen Weg allein als ein unbeteiligter Zuschauer zu gehen, so schien doch jetzt ein ernsthaftes Bedürfnis es anders zu wollen.

Darum überlegte ich mir alles Notwendige gewissenhaft und kam zu dem Schluß, es sei mir durchaus möglich und erlaubt, mich einem jungen Mädchen anzutragen, falls es dazu kommen sollte. Ich war wenig über dreißig Jahre alt, auch gesund und gutartig, und besaß so viel Vermögen, daß eine Frau, wenn sie nicht zu sehr verwöhnt war, sich mir ohne Sorge anvertrauen konnte. Gegen Ende März fuhr ich denn wieder nach München, und diesmal hatte ich auf der langen Eisenbahnfahrt recht viel zu denken. Ich nahm mir vor, zunächst die nähere Bekanntschaft des Mädchens zu machen und hielt es nicht für völlig unmöglich, daß dann vielleicht mein Bedürfnis sich als minder heftig und überwindbar erweisen könnte. Vielleicht, meinte ich, werde das bloße Wiedersehen meinem Heimweh Genüge tun und das Gleichgewicht in mir sich dann von selber wiederherstellen.

Das war nun allerdings die törichte Annahme eines Unerfahrenen. Ich erinnere mich nun wieder wohl daran, mit wieviel Vergnügen und Schlauheit ich diese Reisegedanken spann, während ich im Herzen schon fröhlich war, da ich mich München und der Blonden nahe wußte.

Kaum hatte ich das vertraute Pflaster wieder betreten, so stellte sich auch ein Behagen ein, das ich wochenlang vermißt hatte. Es war nicht frei von Sehnsucht und verhüllter Unruhe, aber doch war mir längere Zeit nicht mehr so wohl gewesen. Wieder freute mich alles, was ich sah, und hatte einen wunderlichen Glanz, die bekannten Straßen, die Türme, die Leute in der Trambahn mit ihrer Mundart, die großen Bauten und stillen Denkmäler. Ich gab jedem Trambahnschaffner einen Fünfer Trinkgeld, ließ mich durch ein feines Schaufenster verleiten, mir einen eleganten Regenschirm zu kaufen, gönnte mir auch in einem Zigarrenladen etwas Feineres, als eigentlich meinem Stande und Vermögen entsprach, und fühlte mich in der frischen Märzluft recht unternehmungslustig.

Nach zwei Tagen hatte ich schon in aller Stille mich nach dem Mädchen erkundigt und nicht viel anderes erfahren, als ich ungefähr erwartet hatte. Sie war eine Waise und aus gutem Hause, doch arm, und besuchte eine kunstgewerbliche Schule. Mit meinem Bekannten in der Leopoldstraße, in dessen Haus ich sie damals gesehen hatte, war sie entfernt verwandt.

Dort sah ich sie auch wieder. Es war eine kleine Abendgesellschaft, fast alle Gesichter von damals tauchten wieder auf, manche erkannten mich wieder und gaben mir freundlich die Hand. Ich aber war sehr befangen und erregt, bis endlich mit anderen Gästen auch sie erschien. Da wurde ich still und zufrieden, und als sie mich erkannte, mir zunickte und mich sogleich an jenen Abend im Winter erinnerte, fand sich bei mir das alte Zutrauen ein, und ich konnte mit ihr reden und ihr in die Augen sehen, als wäre seither keine Zeit vergangen und wehte noch derselbe winterliche Nachtwind um uns beide. Doch hatten wir einander nicht viel mitzuteilen, sie fragte nur, wie es mir seither gegangen sei und ob ich die ganze Zeit auf dem Land gelebt habe. Als das besprochen war, schwieg sie ein paar Augenblicke, sah mich dann lächelnd an und wendete sich zu ihren Freunden, während ich sie nun aus einiger Ferne nach Lust betrachten konnte. Sie schien mir ein wenig verändert, doch wußte ich nicht wie und in welchen Zügen, und erst nachher, als sie fort war und ich ihre beiden Bilder in mir streiten fühlte und vergleichen konnte, fand ich heraus, daß sie ihr Haar jetzt anders aufgesteckt hatte und auch zu etwas volleren Wangen gekommen war. Ich betrachtete sie still und hatte dabei dasselbe Gefühl der Freude und Verwunderung, daß es etwas so Schönes und innig Junges gebe und daß es mir erlaubt war, diesem Menschenfrühling zu begegnen und in die hellen Augen zu sehen.

Während des Abendessens und nachher beim Moselwein ward ich in die Herrengespräche hineingezogen, und wenn auch von anderen Dingen die Rede war als bei meinem letzten Hiersein, schien mir das Gespräch doch wie eine Fortsetzung des damaligen, und ich nahm mit einer kleinen Genugtuung wahr, daß diese lebhaften und verwöhnten Stadtleute doch auch trotz aller Augenlust und Neuigkeiten einen gewissen Zirkel haben, in dem ihr Geist und Leben sich bewegt, und daß bei allem Vielerlei und Wechsel doch auch hier der Zirkel unerbittlich und verhältnismäßig eng ist. Obschon mir in ihrer Mitte recht wohl war, fühlte ich mich doch durch meine lange Abwesenheit im Grunde um nichts betrogen und konnte die Vorstellung nicht ganz unterdrücken, diese Herrschaften seien alle noch von damals her sitzen geblieben und redeten noch am selben Gespräch von damals fort. Dieser Gedanke war natürlich ungerecht und kam nur daher, daß meine Aufmerksamkeit und Teilnahme diesmal häufig von der Unterhaltung abwich.

Ich wandte mich auch, sobald ich konnte, dem Nebenzimmer zu, wo die Damen und jungen Leute ihre Unterhaltung hatten. Es entging mir nicht, daß die jungen Künstler von der Schönheit des Fräuleins stark angezogen wurden und mit ihr teils kameradschaftlich, teils ehrerbietig umgingen. Nur einer, ein Bildnismaler namens Zündel, hielt sich kühl bei den älteren Frauen und schaute uns Schwärmern mit einer gutmütigen Verachtung zu. Er sprach lässig und mehr horchend als redend mit einer schönen, braunäugigen Frau, von der ich gehört hatte, sie stehe im Ruf großer Gefährlichkeit und vieler gehabter oder noch schwebender Liebesabenteuer.

Doch nahm ich alles das nur nebenbei mit halben Sinnen wahr. Das Mädchen nahm mich ganz in Anspruch, doch ohne daß ich mich ins allgemeine Gespräch mischte. Ich fühlte, wie sie in einer lieblichen Musik befangen lebte und sich bewegte, und der milde, innige Reiz ihres Wesens umgab mich so dicht und süß und stark wie der Duft einer Blume. So wohl mir das jedoch tat, so konnte ich doch unzweifelhaft spüren, daß ihr Anblick mich nicht stillen und sättigen könne und daß mein Leiden, wenn ich jetzt wieder von ihr getrennt würde, noch weit quälender werden müsse. Mir schien in ihrer zierlichen Person mein eigenes Glück und der blühende Frühling meines Lebens mich anzublikken, daß ich ihn fasse und an mich nehme, der sonst nie wieder käme. Es war nicht eine Begierde des Blutes nach Küssen und nach einer Liebesnacht, wie es manche schöne Frau schon für Stunden in mir erweckt und mich damit erhitzt und gequält hatte. Vielmehr war es ein frohes Vertrauen, daß in dieser lieben Gestalt mein Glück mir begegnen wolle, daß ihre Seele mir verwandt und freundlich und mein Glück auch ihres sein müsse.

Darum beschloß ich, ihr nahe zu bleiben und zur rechten Stunde meine Frage an sie zu tun.

Dritter Abend

Es soll nun einmal erzählt sein, also weiter!

Ich hatte nun in München eine schöne Zeit. Meine Wohnung lag nicht weit vom Englischen Garten, den suchte ich jeden Morgen auf. Auch in die Bildersäle ging ich häufig, und wenn ich etwas besonders Herrliches sah, war es immer wie ein Zusammentreffen der äußeren Welt mit dem seligen Bilde, das ich in mir bewahrte.

Eines Abends trat ich in ein kleines Antiquariat, um mir etwas zum Lesen zu kaufen. Ich stöberte in staubigen Regalen und fand eine schöne, zierlich eingebundene Ausgabe des Herodot, die ich erwarb. Darüber kam ich mit dem Gehilfen, der mich bediente, in ein Gespräch. Es war ein auffallend freundlicher, still höflicher Mann mit einem bescheidenen, doch heimlich durchleuchteten Gesicht, und in seinem ganzen Wesen lag eine sanfte, friedliche Güte, die man sofort spürte und auch aus seinen Zügen und Gebärden lesen konnte. Er zeigte sich belesen, und da er mir so gut gefiel, kam ich mehrmals wieder, um etwas zu kaufen und mich eine Viertelstunde mit ihm zu unterhalten. Ohne daß er dergleichen gesagt hätte, hatte ich von ihm den Eindruck eines Mannes, der die Finsternis und Stürme des Lebens vergessen oder überwunden habe und ein friedvolles und gutes Leben führe.

Nachdem ich den Tag in der Stadt bei Freunden oder in

Sammlungen hingebracht, saß ich abends vor dem Schlafengehen stets noch eine Stunde in meinem Mietzimmer, in die Wolldecke gehüllt, las im Herodot oder ließ meine Gedanken hinter dem schönen Mädchen her gehen, dessen Namen Maria ich nun auch erfahren hatte.

Beim nächsten Zusammentreffen mit ihr gelang es mir, sie etwas besser zu unterhalten, wir plauderten ganz vertraulich, und ich erfuhr manches über ihr Leben. Auch durfte ich sie nach Hause begleiten, und es war mir wie im Traum, daß ich wieder mit ihr denselben Weg durch die ruhigen Straßen ging. Ich sagte ihr, ich habe oft an jenen Heimweg gedacht und mir gewünscht, ihn noch einmal gehen zu dürfen. Sie lachte vergnügt und fragte mich ein wenig aus. Und schließlich, da ich doch am Bekennen war, sah ich sie an und sagte: »Ich bin nur Ihretwegen nach München gekommen, Fräulein Maria.«

Ich fürchtete sogleich, das möchte zu dreist gewesen sein, und wurde verlegen. Aber sie sagte nichts darauf und sah mich nur ruhig und ein wenig neugierig an. Nach einer Weile sagte sie dann: »Am Donnerstag gibt ein Kamerad von mir ein Atelierfest. Wollen Sie auch kommen? – Dann holen Sie mich um acht Uhr hier ab.«

Wir standen vor ihrer Wohnung. Da dankte ich und nahm Abschied.

So war ich denn von Maria zu einem Fest eingeladen worden. Eine große Freudigkeit kam über mich. Ohne daß ich mir von diesem Feste allzuviel versprach, war es mir doch ein wunderlich süßer Gedanke, von ihr dazu aufgefordert zu sein und ihr etwas zu verdanken. Ich besann mich, wie ich ihr dafür danken könne, und beschloß, ihr am Donnerstag einen schönen Blumenstrauß mitzubringen.

In den drei Tagen, die ich noch warten mußte, fand ich die

heiter zufriedene Stimmung nicht wieder, in der ich die letzte Zeit gewesen war. Seit ich ihr das gesagt hatte, daß ich ihretwegen hierher gereist sei, war meine Unbefangenheit und Ruhe verloren. Es war doch so gut wie ein Geständnis gewesen, und nun mußte ich immer denken, sie wisse um meinen Zustand und überlege sich vielleicht, was sie mir antworten solle. Ich brachte diese Tage meist auf Ausflügen außerhalb der Stadt zu, in den großen Parkanlagen von Nymphenburg und von Schleißheim oder im Isartal in den Wäldern.

Als der Donnerstag gekommen war und es Abend wurde, zog ich mich an, kaufte im Laden einen großen Strauß rote Rosen und fuhr damit in einer Droschke bei Maria vor. Sie kam sogleich herab, ich half ihr in den Wagen und gab ihr die Blumen, aber sie war aufgeregt und befangen, was ich trotz meiner eigenen Verlegenheit wohl bemerkte. Ich ließ sie denn auch in Ruhe, und es gefiel mir, sie so mädchenhaft vor einer Festlichkeit in Aufregung und Freudenfieber zu sehen. Bei der Fahrt im offenen Wagen durch die Stadt überkam auch mich allmählich eine große Freude, indem es mir scheinen wollte, als bekenne damit Maria, sei es auch nur für eine Stunde, sich zu einer Art von Freundschaft und Einverständnis mit mir. Es war mir ein festtägliches Ehrenamt, sie für diesen Abend unter meinem Schutz und meiner Begleitung zu haben, da es ihr hierzu doch gewiß nicht an anderen erbötigen Freunden gefehlt hätte.

Der Wagen hielt vor einem großen kahlen Miethause, dessen Flur und Hof wir durchschreiten mußten. Dann ging es im Hinterhaus unendliche Treppen hinauf, bis uns im obersten Korridor ein Schwall von Licht und Stimmen entgegenbrach. Wir legten in einer Nebenstube ab, wo ein eisernes Bett und ein paar Kisten schon mit Mänteln und Hüten bedeckt waren, und traten dann in das Atelier, das hell erleuchtet und voll von Menschen war. Drei oder vier waren mir flüchtig bekannt, die andern samt dem Hausherrn aber alle fremd.

Diesem stellte mich Maria vor und sagte dazu: »Ein Freund von mir. Ich durfte ihn doch mitbringen?«

Das erschreckte mich ein wenig, da ich glaubte, sie habe mich angemeldet. Aber der Maler gab mir unbeirrt die Hand und sagte gleichmütig: »Ist schon recht.«

Es ging in dem Atelier recht lebhaft und freimütig zu. Jeder setzte sich, wo er Platz fand, und man saß nebeneinander, ohne sich zu kennen. Auch nahm sich jedermann nach Belieben von den kalten Speisen, die da und dort herumstanden, und vom Wein oder Bier, und während die einen erst ankamen oder ihr Abendbrot aßen, hatten andere schon die Zigarren angezündet, deren Rauch sich allerdings anfänglich in dem sehr hohen Raume leicht verlor.

Da niemand nach uns sah, versorgte ich Maria und dann auch mich mit einigem Essen, das wir ungestört an einem kleinen niederen Zeichentisch verzehrten, zusammen mit einem fröhlichen, rotbärtigen Manne, den wir beide nicht kannten, der uns aber munter und anfeuernd zunickte. Hie und da griff jemand von den später Gekommenen, für die es an Tischen fehlte, über unsre Schultern hinweg nach einem Schinkenbrot, und als die Vorräte zu Ende waren, klagten viele noch über Hunger, und zwei von den Gästen gingen aus, um noch etwas einzukaufen, wozu der eine von seinen Kameraden kleine Geldbeiträge erbat und erhielt.

Der Gastgeber sah diesem munteren und etwas lärmigen Wesen gleichmütig zu, aß stehend ein Butterbrot und ging mit diesem und einem Weinglas in den Händen plaudernd bei den Gästen hin und wider. Auch ich nahm an dem ungebundenen Treiben keinen Anstoß, doch wollte es mir im stillen leid tun, daß Maria sich hier anscheinend wohl und heimisch fühlte. Ich wußte ja, daß die jungen Künstler ihre Kollegen und zum Teil sehr achtenswerte Leute waren, und hatte keinerlei Recht, etwas anders zu wünschen. Dennoch war es mir ein leiser Schmerz und fast eine kleine Enttäuschung, zu sehen, wie sie diese immerhin robuste Geselligkeit befriedigt hinnahm. Ich blieb bald allein, da sie nach der kurzen Mahlzeit sich erhob und ihre Freunde begrüßte. Den beiden ersten stellte sie mich vor und suchte mich mit in ihre Unterhaltung zu ziehen, wobei ich freilich versagte. Dann stand sie bald da bald dort bei Bekannten, und da sie mich nicht zu vermissen schien, zog ich mich in einen Winkel zurück, lehnte mich an die Wand und schaute mir die lebhafte Gesellschaft in Ruhe an. Ich hatte nicht erwartet, daß Maria sich den ganzen Abend in meiner Nähe halten würde, und war damit zufrieden, sie zu sehen, etwa einmal mit ihr zu plaudern und sie dann wieder nach Hause zu begleiten. Trotzdem kam allmählich ein Mißbehagen über mich, und je munterer die andern wurden, desto unnützer und fremder stand ich da, nur selten von jemand flüchtig angeredet.

Unter den Gästen bemerkte ich auch jenen Porträtmaler Zündel sowie jene schöne Frau mit den braunen Augen, die mir als gefährlich und etwas übel berufen bezeichnet worden war. Sie schien in diesem Kreis wohlbekannt und ward von den meisten mit einer gewissen lächelnden Vertrautheit, doch ihrer Schönheit wegen auch mit freimütiger Bewunderung betrachtet. Zündel war ebenfalls ein hübscher Mensch, groß und kräftig, mit scharfen dunklen Augen und von einer sichern, stolzen und überlegenen Haltung wie ein verwöhnter und seines Eindruckes gewisser Mann. Ich betrachtete ihn mit Aufmerksamkeit, da ich von Natur für solche Männer ein merkwürdiges, mit Humor und auch mit etwas Neid gemischtes Interesse habe. Er versuchte den Gastgeber wegen der mangelhaften Bewirtung aufzuziehen.

»Du hast ja nicht einmal genug Stühle«, meinte er geringschätzig. Aber der Hausherr blieb unangefochten. Er zuckte die Achseln und sagte: »Wenn ich mich einmal zum Porträtmalen hergeb', wird's bei mir schon auch fein werden.« Dann tadelte Zündel die Gläser: »Aus den Kübeln kann man doch keinen Wein trinken. Hast du nie gehört, daß zum Wein feine Gläser gehören?« Und der Gastgeber antwortete unverzagt: »Vielleicht verstehst du was von Gläsern, aber vom Wein verstehst du nichts. Mir ist alleweil ein feiner Wein lieber als ein feines Glas.«

Die schöne Frau hörte lächelnd zu, und ihr Gesicht sah merkwürdig zufrieden und selig aus, was kaum von diesen Witzen herrühren konnte. Ich sah denn auch bald, daß sie unterm Tischblatt ihre Hand tief in den linken Rockärmel des Malers gesteckt hielt, während sein Fuß leicht und nachlässig mit ihrem spielte. Doch schien er mehr höflich als zärtlich zu sein, sie aber hing mit einer unangenehmen Inbrunst an ihm, und ihr Anblick wurde mir bald unerträglich.

Übrigens machte sich auch Zündel nun von ihr los und stand auf. Es war jetzt ein starker Rauch im Atelier, auch Frauen und Mädchen rauchten Zigaretten, Gelächter und laute Gespräche klangen durcheinander, alles ging auf und ab, setzte sich auf Stühle, auf Kisten, auf den Kohlenbehälter, auf den Boden. Eine Pikkoloflöte wurde geblasen, und mitten in dem Getöse las ein leicht angetrunkener Jüngling einer lachenden Gruppe ein ernsthaftes Gedicht vor.

Ich beobachtete Zündel, der gemessen hin und wider ging und völlig ruhig und nüchtern blieb. Dazwischen sah ich immer wieder zu Maria hinüber, die mit zwei andern Mädchen auf einem Diwan saß und von jungen Herren unterhalten wurde, die mit Weingläsern in den Händen dabeistanden. Je länger die Lustbarkeit dauerte und je lauter sie wurde, desto mehr kam eine Trauer und Beklemmung über mich. Es schien mir, ich sei mit meinem Märchenkind an einen unreinen Ort geraten, und ich begann darauf zu warten, daß sie mir winke und fortzugehen begehre.

Der Maler Zündel stand jetzt abseits und hatte sich eine Zigarre angezündet. Er beschaute sich die Gesichter und blickte auch aufmerksam zu dem Diwan hin. Da hob Maria den Blick, ich sah es genau, und sah ihm eine kleine Weile in die Augen. Er lächelte, sie aber blickte ihn fest und gespannt an, und dann sah ich ihn ein Auge schließen und den Kopf fragend heben, sie aber leise nicken.

Da wurde mir schwül und dunkel im Herzen. Ich wußte ja nichts, und es konnte ein Scherz, ein Zufall, eine kaum gewollte Gebärde sein. Allein ich tröstete mich damit nicht. Ich hatte gesehen, es gab ein Einverständnis zwischen den beiden, die den ganzen Abend kein Wort miteinander gesprochen und sich fast auffallend voneinander fern gehalten hatten.

In jenem Augenblick fiel mein Glück und meine kindische Hoffnung zusammen, es blieb kein Hauch und kein Glanz davon übrig. Es blieb nicht einmal eine reine, herzliche Trauer, die ich gern getragen hätte, sondern nur eine Scham und Enttäuschung, ein widerwärtiger Geschmack und Ekel. Wenn ich Maria mit einem frohen Bräutigam oder Liebhaber gesehen hätte, so hätte ich ihn beneidet und mich doch gefreut. Nun aber war es ein Verführer und Weiberheld, dessen Fuß noch vor einer halben Stunde mit dem der braunäugigen Frau gespielt hatte.

Trotzdem raffte ich mich zusammen. Es konnte immer

noch eine Täuschung sein, und ich mußte Maria Gelegenheit geben, meinen bösen Verdacht zu widerlegen.

Ich ging zu ihr und sah ihr betrübt in das frühlinghafte, liebe Gesicht. Und ich fragte: »Es wird spät, Fräulein Maria, darf ich Sie nicht heimbegleiten?«

Ach, da sah ich sie zum erstenmal unfrei und verstellt. Ihr Gesicht verlor den feinen Gotteshauch, und auch ihre Stimme klang verhüllt und unwahr. Sie lachte und sagte laut: »O verzeihen Sie, daran hatte ich gar nicht gedacht. Ich werde abgeholt. Wollen Sie schon gehen?«

Ich sagte: »Ja, ich will gehen. Adieu, Fräulein Maria.«

Ich nahm von niemand Abschied und wurde von niemand aufgehalten. Langsam ging ich die vielen Treppen hinunter, über den Hof und durch das Vorderhaus. Draußen besann ich mich, was nun zu tun sei, und kehrte wieder um und verbarg mich im Hof hinter einem leeren Wagen. Dort wartete ich lang, beinahe eine Stunde. Dann kam der Zündel, warf einen Zigarrenrest weg und knöpfte seinen Mantel zu, ging durch die Einfahrt hinaus, kam aber bald wieder und blieb am Ausgang stehen.

Es dauerte fünf, zehn Minuten, und immerfort verlangte es mich, hervorzutreten, ihn anzurufen, ihn einen Hund zu heißen und an der Kehle zu packen. Aber ich tat es nicht, ich blieb still in meinem Versteck und wartete. Und es dauerte nicht lang, da hörte ich wieder Schritte auf der Treppe, und die Türe ging, und Maria kam heraus, schaute sich um, schritt zum Ausgang und legte still ihren Arm in den des Malers. Rasch gingen sie miteinander fort, ich sah ihnen nach und machte mich dann auf den Heimweg.

Zu Hause legte ich mich ins Bett, konnte aber keine Ruhe finden, so daß ich wieder aufstand und in den Englischen Garten ging. Dort lief ich die halbe Nacht herum, kam dann wieder in mein Zimmer und schlief nun fest bis in den Tag hinein. – Ich hatte mir nachts vorgenommen, gleich am Morgen fortzureisen. Dafür war ich nun aber zu spät erwacht und hatte also noch einen Tag hinzubringen. Ich packte und zahlte, nahm von meinen Freunden schriftlich Abschied, aß in der Stadt und setzte mich in ein Kaffeehaus. Die Zeit wollte mir lang werden, und ich sann nach, womit ich den Nachmittag verbringen könne. Dabei fing ich an, mein Elend zu fühlen. Seit Jahren war ich nicht mehr in dem scheußlichen und unwürdigen Zustand gewesen, daß ich die Zeit fürchtete und verlegen war, wie ich sie umbringe. Spazierengehen, Gemälde sehen, Musik hören, ausfahren, eine Partie Billard spielen, lesen, alles lockte mich nicht, alles war dumm, fad, sinnlos. Und wenn ich auf der Straße um mich blickte, sah ich Häuser, Bäume, Menschen, Pferde, Hunde, Wagen, alles unendlich langweilig, reizlos und gleichgültig. Nichts sprach zu mir, nichts machte mir Freude, erweckte mir Teilnahme oder Neugierde.

Während ich eine Tasse Kaffee trank, um die Zeit hinter mich zu bringen und eine Art von Pflicht zu erfüllen, fiel mir ein, ich müsse mich umbringen. Ich war froh, diese Lösung gefunden zu haben, und überlegte sachlich das Notwendige. Allein meine Gedanken waren zu unstet und haltlos, als daß sie länger als für Minuten bei mir geblieben wären. Zerstreut zündete ich mir eine Zigarre an, warf sie wieder weg, bestellte die zweite oder dritte Tasse Kaffee, blätterte in einer Zeitschrift und schlenderte schließlich weiter. Es kam mir wieder in den Sinn, daß ich hatte abreisen wollen, und ich nahm mir vor, es morgen gewiß zu tun. Plötzlich machte mich der Gedanke an meine Heimat warm, und für Augenblicke fühlte ich statt des elenden Ekels eine rechte, reinliche Trauer. Ich erinnerte mich daran, wie schön es in der Heimat war, wie dort die grünen und blauen Berge so weich aus dem See emporstiegen, wie der Wind in den Pappeln tönte und wie die Möwen kühn und launisch flogen. Und mir schien, ich müsse nur aus dieser verfluchten Stadt hinaus und wieder in die Heimat kommen, damit der böse Zauber breche und ich die Welt wieder in ihrem Glanze sehen, verstehen und liebhaben könne.

Im Hinschlendern und Denken verlor ich mich in den Gassen der Altstadt, ohne genau zu wissen, wo ich war, bis ich unversehens vor dem Laden meines Antiquars stand. Im Fenster hing ein Kupferstich ausgestellt, das Bildnis eines Gelehrten aus dem siebzehnten Jahrhundert, und ringsum standen alte Bücher in Leder, Pergament und Holz gebunden. Das weckte in meinem ermüdeten Kopf eine neue, flüchtige Reihe von Vorstellungen, in denen ich eifrig Trost und Ablenkung suchte. Es waren angenehme, etwas träge Vorstellungen von Studien und mönchischem Leben, von einem stillen, resignierten und etwas staubigen Winkelglück bei Leselampe und Büchergeruch. Um den flüchtigen Trost noch eine Weile festzuhalten, trat ich in den Laden und wurde sogleich von jenem freundlichen Gehilfen empfangen. Er führte mich eine enge Wendeltreppe hinauf in das obere Stockwerk, wo mehrere große Räume ganz mit wandhohen Bücherschäften gefüllt waren. Die Weisen und Dichter vieler Zeiten schauten mich traurig aus blinden Bücheraugen an, der schweigsame Antiquar stand wartend da und sah mich bescheiden an.

Da geriet ich auf den Einfall, diesen stillen Mann um Trost zu fragen. Ich sah in sein gutes, offenes Gesicht und sagte: »Bitte nennen Sie mir etwas, was ich lesen soll. Sie müssen doch wissen, wo etwas Tröstliches und Heilsames zu finden ist; Sie sehen gut und getröstet aus.«

»Sind Sie krank?« fragte er leise.

»Ein wenig«, sagte ich.

Und er: »Ist es schlimm?«

»Ich weiß nicht. Es ist *taedium vitae*.«

Da nahm sein einfaches Gesicht einen großen Ernst an. Er sagte ernst und eindringlich: »Ich weiß einen guten Weg für Sie.«

Und als ich ihn mit den Augen fragte, fing er an zu reden und erzählte mir von der Gemeinde der Theosophen, zu der er gehörte. Manches davon war mir nicht unbekannt, doch war ich nicht fähig, ihm mit rechter Aufmerksamkeit zuzuhören. Ich vernahm nur ein mildes, wohlgemeintes, herzliches Sprechen, Sätze von Karma, Sätze von der Wiedergeburt, und als er innehielt und beinah verlegen schwieg, wußte ich gar keine Antwort. Schließlich fragte ich, ob er mir Bücher zu nennen wisse, in denen ich diese Sache studieren könne. Sofort brachte er mir einen kleinen Katalog theosophischer Bücher.

»Welches soll ich lesen?« fragte ich unsicher.

»Das grundlegende Buch über die Lehre ist von Madame Blavatsky«, sagte er entschieden.

»Geben Sie mir das!«

Wieder wurde er verlegen. »Es ist nicht hier, ich müßte es für Sie kommen lassen. Aber allerdings – – das Werk hat zwei starke Bände, es braucht Geduld zum Lesen. Und leider ist es sehr teuer, es kostet über fünfzig Mark. Soll ich versuchen, es Ihnen leihweise zu verschaffen?«

»Nein danke, bestellen Sie es mir!«

Ich schrieb ihm meine Adresse auf, bat ihn, das Buch gegen Nachnahme dahin zu schicken, nahm Abschied von ihm und ging.

Ich wußte schon damals, daß die »Geheimlehre« mir

nicht helfen würde. Ich wollte nur dem Antiquar eine kleine Freude machen. Und warum sollte ich nicht ein paar Monate hinter den Blavatskybänden sitzen?

Ich ahnte auch, daß meine anderen Hoffnungen nicht haltbarer sein würden. Ich ahnte, daß auch in meiner Heimat alle Dinge grau und glanzlos geworden seien, und daß es überall so sein würde, wohin ich ginge.

Diese Ahnung hat mich nicht getäuscht. Es ist etwas verlorengegangen, was früher in der Welt war, ein gewisser unschuldiger Duft und Liebreiz, und ich weiß nicht, ob das wiederkommen kann.

(1908)

Der Zyklon

Es war in der Mitte der neunziger Jahre, und ich tat damals Volontärdienst in einer kleinen Fabrik meiner Vaterstadt, die ich noch im selben Jahre für immer verließ. Ich war etwa achtzehn Jahre alt und wußte nichts davon, wie schön meine Jugend sei, obwohl ich sie täglich genoß und um mich her fühlte wie der Vogel die Luft. Ältere Leute, die sich der Jahrgänge im einzelnen nimmer besinnen mögen, brauchte ich nur daran zu erinnern, daß in dem Jahre, von dem ich erzähle, unsere Gegend von einem Zyklon oder Wettersturm heimgesucht wurde, dessengleichen in unserm Lande weder vorher noch später gesehen worden ist. In jenem Jahre ist es gewesen. Ich hatte mir vor zwei oder drei Tagen einen Stahlmeißel in die linke Hand gehauen. Sie hatte ein Loch und war geschwollen, ich mußte sie verbunden tragen und durfte nicht in die Werkstatt gehen.

Es ist mir erinnerlich, daß jenen ganzen Spätsommer hindurch unser enges Tal in einer unerhörten Schwüle lag und daß zuweilen tagelang ein Gewitter dem andern folgte. Es war eine heiße Unruhe in der Natur, von welcher ich freilich nur dumpf und unbewußt berührt wurde und deren ich mich doch noch in Kleinigkeiten entsinne. Abends zum Beispiel, wenn ich zum Angeln ging, fand ich von der wetterschwülen Luft die Fische seltsam aufgeregt, sie drängten unordentlich durcheinander, schlugen häufig aus dem lauen Wasser empor und gingen blindlings an die Angel. Nun war es endlich ein wenig kühler und stiller geworden, die Gewitter kamen seltener, und in der Morgenfrühe roch es schon ein wenig herbstlich.

Eines Morgens verließ ich unser Haus und ging meinem

Vergnügen nach, ein Buch und ein Stück Brot in der Tasche. Wie ich es in der Bubenzeit gewohnt gewesen war, lief ich zuerst hinters Haus in den Garten, der noch im Schatten lag. Die Tannen, die mein Vater gepflanzt und die ich selber noch ganz jung und stangendünn gekannt hatte, standen hoch und stämmig, unter ihnen lagen hellbraune Nadelhaufen, und es wollte dort seit Jahren nichts mehr wachsen als Immergrün. Daneben aber in einer langen, schmalen Rabatte standen die Blumenstauden meiner Mutter, die leuchteten reich und fröhlich, und es wurden von ihnen auf jeden Sonntag große Sträuße gepflückt. Da war ein Gewächs mit zinnoberroten Bündeln kleiner Blüten, das hieß brennende Liebe, und eine zarte Staude trug an dünnen Stengeln hängend viele herzförmige rote und weiße Blumen, die nannte man Frauenherzen, und ein anderer Strauch hieß die stinkende Hoffart. Nahebei standen hochstielige Astern, welche aber noch nicht zur Blüte gekommen waren, und dazwischen kroch am Boden mit weichen Stacheln die fette Hauswurz und der drollige Portulak, und dieses lange schmale Beet war unser Liebling und unser Traumgarten, weil da so vielerlei seltsame Blumen beieinander standen, welche uns merkwürdiger und lieber waren als alle Rosen in den beiden runden Beeten. Wenn hier die Sonne schien und auf der Efeumauer glänzte, dann hatte jede Staude ihre ganz eigene Art und Schönheit, die Gladiolen prahlten fett mit grellen Farben, der Heliotrop stand blau und wie verzaubert in seinen schmerzlichen Duft versunken, der Fuchsschwanz hing ergeben welkend herab, die Akelei aber stellte sich auf die Zehen und läutete mit ihren vierfältigen Sommerglocken. An den Goldruten und im blauen Phlox schwärmten laut die Bienen, und über dem dicken Efeu rannten kleine braune Spinnen heftig hin und wider; über den Levkoien zitterten in der Luft jene raschen, launisch schwirrenden Schmetterlinge mit dicken Leibern und gläsernen Flügeln, die man Schwärmer oder Taubenschwänze heißt.

In meinem Feiertagsbehagen ging ich von einer Blume zur andern, roch da und dort an einer duftenden Dolde oder tat mit vorsichtigem Finger einen Blütenkelch auf, um hineinzuschauen und die geheimnisvollen bleichfarbenen Abgründe und die stille Ordnung von Adern und Stempeln, von weichhaarigen Fäden und kristallenen Rinnen zu betrachten. Dazwischen studierte ich den wolkigen Morgenhimmel, wo ein sonderbar verwirrtes Durcheinander von streifigen Dunstfäden und wollig flockigen Wölkchen herrschte. Mir schien, es werde gewiß heute wieder einmal ein Gewitter geben, und ich nahm mir vor, am Nachmittag ein paar Stunden zu angeln. Eifrig wälzte ich, in der Hoffnung, Regenwürmer zu finden, ein paar Tuffsteine aus der Wegeinfassung beiseite, aber es krochen nur Scharen von grauen, trockenen Mauerasseln hervor und flüchteten verstört nach allen Seiten.

Ich besann mich, was nun zu unternehmen sei, und es wollte mir nicht sogleich etwas einfallen. Vor einem Jahre, als ich zum letztenmal Ferien gehabt hatte, da war ich noch ganz ein Knabe gewesen. Was ich damals am liebsten getrieben hatte, mit Haselnußbogen ins Ziel schießen, Drachen steigen lassen und die Mauslöcher auf den Feldern mit Schießpulver sprengen, das hatte alles den damaligen Reiz und Schimmer nicht mehr, als sei ein Teil meiner Seele müde geworden und antworte nimmer auf die Stimmen, die ihr einst lieb waren und Freude brachten.

Verwundert und in einer stillen Beklemmung blickte ich in dem wohlbekannten Bezirk meiner Knabenfreuden umher. Der kleine Garten, die blumengeschmückte Altane und der feuchte sonnenlose Hof mit seinem moosgrünen Pflaster sahen mich an und hatten ein anderes Gesicht als früher, und sogar die Blumen hatten etwas von ihrem unerschöpflichen Zauber eingebüßt. Schlicht und langweilig stand in der Gartenecke das alte Wasserfaß mit der Leitungsröhre; da hatte ich früher zu meines Vaters Pein halbe Tage lang das Wasser laufen lassen und hölzerne Mühlräder eingespannt, ich hatte auf dem Weg Dämme gebaut und Kanäle und mächtige Überschwemmungen veranstaltet. Das verwitterte Wasserfaß war mir ein treuer Liebling und Zeitvertreiber gewesen, und indem ich es ansah, zuckte sogar ein Nachhall jener Kinderwonne in mir auf, allein sie schmeckte traurig, und das Faß war kein Quell, kein Strom und kein Niagara mehr.

Nachdenklich kletterte ich über den Zaun, eine blaue Windenblüte streifte mir das Gesicht, ich riß sie ab und steckte sie in den Mund. Ich war nun entschlossen, einen Spaziergang zu machen und vom Berg herunter auf unsere Stadt zu sehen. Spazierengehen war auch so ein halbfrohes Unternehmen, das mir in früheren Zeiten niemals in den Sinn gekommen wäre. Ein Knabe geht nicht spazieren. Er geht in den Wald als Räuber, als Ritter oder Indianer, er geht an den Fluß als Flößer und Fischer oder Mühlenbauer, er läuft in die Wiesen zur Schmetterlings- und Eidechsenjagd. Und so erschien mir mein Spaziergang als das würdige und etwas langweilige Tun eines Erwachsenen, der nicht recht weiß, was er mit sich anzufangen hat.

Meine blaue Winde war bald welk und weggeworfen, und ich nagte jetzt an einem Buchsbaumzweig, den ich mir abgerissen hatte, er schmeckte bitter und gewürzig. Beim Bahndamm, wo der hohe Ginster stand, lief mir eine grüne Eidechse vor den Füßen weg, da wachte doch das Knabentum wieder in mir auf, und ich ruhte nicht und lief und schlich und lauerte, bis ich das ängstliche Tier sonnenwarm in meinen Händen hielt. Ich sah ihm in die blanken kleinen Edelsteinaugen und fühlte mit einem Nachhall ehemaliger Jagdseligkeit den geschmeidigen kräftigen Leib und die harten Beine zwischen meinen Fingern sich wehren und stemmen. Dann aber war die Lust erschöpft, und ich wußte nicht mehr, was ich mit dem gefangenen Tier beginnen sollte. Es war nichts damit, es war kein Glück mehr dabei. Ich bückte mich nieder und öffnete meine Hand, die Eidechse hielt verwundert einen Augenblick mit heftig atmenden Flanken still und verschwand eifrig im Grase. Ein Zug fuhr auf den glänzenden Eisenschienen daher und an mir vorbei, ich sah ihm nach und fühlte einen Augenblick ganz klar, daß mir hier keine wahre Lust mehr blühen könne, und wünschte inbrünstig, mit diesem Zuge fort und in die Welt zu fahren.

Ich hielt Umschau, ob nicht der Bahnwärter in der Nähe sei, und da nichts zu sehen noch zu hören war, sprang ich schnell über die Geleise und kletterte jenseits an den hohen roten Sandsteinfelsen empor, in welchen da und dort noch die geschwärzten Sprenglöcher vom Bahnbau her zu sehen waren. Der Durchschlupf nach oben war mir bekannt, ich hielt mich an den zähen, schon verblühten Ginsterbesen fest. In dem roten Gestein atmete eine trockene Sonnenwärme, der heiße Sand rieselte mir beim Klettern in die Ärmel, und wenn ich über mich sah, stand über der senkrechten Steinwand erstaunlich nah und fest der warme leuchtende Himmel. Und plötzlich war ich oben, ich konnte mich am Steinrand aufstemmen, die Knie nachziehen, mich an einem dünnen, dornigen Akazienstämmchen festhalten und war nun auf einem verlorenen, steil ansteigenden Graslande.

Diese stille kleine Wildnis, unter welcher in steiler Verkürzung die Eisenbahnzüge wegfahren, war mir früher ein lieber Aufenthalt gewesen. Außer dem zähen, verwilderten Grase, das nicht gemäht werden konnte, wuchsen hier kleine, feindornige Rosensträucher und ein paar vom Winde ausgesäte, kümmerliche Akazienbäumchen, durch deren dünne, transparente Blätter die Sonne schien. Auf dieser Grasinsel, die auch von oben her durch ein rotes Felsenband abgeschnitten war, hatte ich einst als Robinson gehaust, der einsame Landstrich gehörte niemandem, als dem, der den Mut und die Abenteuerlaune hatte, ihn durch senkrechtes Klettern zu erobern. Hier hatte ich als Zwölfjähriger mit dem Meißel meinen Namen in den Stein gehauen, hier hatte ich einst die Rosa von Tannenburg gelesen und ein kindliches Drama gedichtet, das vom tapferen Häuptling eines untergehenden Indianerstammes handelte.

Das sonnverbrannte Gras hing in bleichen, weißlichen Strähnen an der steilen Halde, das durchglühte Ginsterlaub roch stark und bitter in der windstillen Wärme. Ich streckte mich in die trockene Dürre, sah die feinen Akazienblätter in ihrer peinlich zierlichen Anordnung grell durchsonnt im satten blauen Himmel ruhen und dachte nach. Es schien mir die rechte Stunde zu sein, um mein Leben und meine Zukunft vor mir auszubreiten.

Doch vermochte ich nichts Neues zu entdecken. Ich sah nur die merkwürdige Verarmung, die mich von allen Seiten bedrohte, das unheimliche Erblassen und Hinwelken erprobter Freuden und liebgewordener Gedanken. Für das, was ich widerwillig hatte hingeben müssen, für die ganze verlorene Knabenseligkeit war mein Beruf mir kein Ersatz, ich liebte ihn wenig und bin ihm auch nicht lange treu geblieben. Er war für mich nichts als ein Weg in die Welt hinaus, wo ohne Zweifel irgendwo neue Befriedigungen zu finden wären. Welcher Art konnten diese sein?

Man konnte die Welt sehen und Geld verdienen, man brauchte Vater und Mutter nimmer zu fragen, ehe man etwas tat und unternahm, man konnte sonntags Kegel schieben und Bier trinken. Dieses alles aber, sah ich wohl, waren nur Nebensachen und keineswegs der Sinn des neuen Lebens, das mich erwartete. Der eigentliche Sinn lag anderswo, tiefer, schöner, geheimnisvoller, und er hing, so fühlte ich, mit den Mädchen und mit der Liebe zusammen. Da mußte eine tiefe Lust und Befriedigung verborgen sein, sonst wäre das Opfer der Knabenfreuden ohne Sinn gewesen.

Von der Liebe wußte ich wohl, ich hatte manches Liebespaar gesehen und wunderbar berauschende Liebesdichtungen gelesen. Ich hatte mich auch selber schon mehrere Male verliebt und in Träumen etwas von der Süßigkeit empfunden, um die ein Mann sein Leben einsetzt und die der Sinn seines Tuns und Strebens ist. Ich hatte Schulkameraden, die schon jetzt mit Mädchen gingen, und ich hatte in der Werkstatt Kollegen, die von den sonntäglichen Tanzböden und von nächtlich erstiegenen Kammerfenstern ohne Scheu zu erzählen wußten. Mir selbst indessen war die Liebe noch ein verschlossener Garten, vor dessen Pforte ich in schüchterner Sehnsucht wartete.

Erst in der letzten Woche, kurz vor meinem Unfall mit dem Meißel, war der erste klare Ruf an mich ergangen, und seitdem war ich in diesem unruhig nachdenklichen Zustande eines Abschiednehmenden, seitdem war mein bisheriges Leben mir zur Vergangenheit und war der Sinn der Zukunft mir deutlich geworden. Unser zweiter Lehrbube hatte mich eines Abends beiseite genommen und mir auf dem Heimweg berichtet, er wisse mir eine schöne Liebste, sie habe noch keinen Schatz gehabt und wolle keinen andern als mich, und sie habe einen seidenen Geldbeutel gestickt, den wolle sie mir schenken. Ihren Namen wollte er nicht sagen, ich werde ihn schon selber erraten können. Als ich dann drängte und fragte und schließlich geringschätzig tat, blieb er stehen – wir waren eben auf dem Mühlensteg überm Wasser – und sagte leise: »Sie geht gerade hinter uns.« Verlegen drehte ich mich um, halb hoffend und halb fürchtend, es sei doch alles nur ein dummer Scherz. Da kam hinter uns die Brückenstufen herauf ein junges Mädchen aus der Baumwollspinnerei gegangen, die Berta Vögtlin, die ich vom Konfirmandenunterricht her noch kannte. Sie blieb stehen, sah mich an und lächelte und wurde langsam rot, bis ihr ganzes Gesicht in Flammen stand. Ich lief schnell weiter und nach Hause.

Seither hatte sie mich zweimal aufgesucht, einmal in der Spinnerei, wo wir Arbeit hatten, und einmal abends beim Heimgehen, doch hatte sie nur grüß Gott gesagt und dann: »Auch schon Feierabend?« Das bedeutet, daß man ein Gespräch anzuknüpfen willens ist; ich hatte aber nur genickt und ja gesagt und war verlegen fortgegangen.

An dieser Geschichte hingen nun meine Gedanken fest und fanden sich nicht zurecht. Ein hübsches Mädchen liebzuhaben, davon hatte ich schon oft mit tiefem Verlangen geträumt. Da war nun eine, hübsch und blond und etwas größer als ich, die wollte von mir geküßt sein und in meinen Armen ruhen. Sie war groß und kräftig gewachsen, sie war weiß und rot und hübsch von Gesicht, an ihrem Nacken spielte schattiges Haargekräusel, und ihr Blick war voll Erwartung und Liebe. Aber ich hatte nie an sie gedacht, ich war nie in sie verliebt gewesen, ich war ihr nie in zärtlichen

Träumen nachgegangen und hatte nie mit Zittern ihren Namen in mein Kissen geflüstert. Ich durfte sie, wenn ich wollte, liebkosen und zu eigen haben, aber ich konnte sie nicht verehren und nicht vor ihr knien und anbeten. Was sollte daraus werden? Was sollte ich tun?

Unmutig stand ich von meinem Graslager auf. Ach, es war eine üble Zeit. Wollte Gott, mein Fabrikjahr wäre schon morgen um und ich könnte wegreisen, weit von hier, und neu anfangen und das alles vergessen.

Um nur etwas zu tun und mich leben zu fühlen, beschloß ich, vollends auf den Berg zu steigen, so mühsam es von hier aus war. Da droben war man hoch über dem Städtchen und konnte in die Ferne sehen. Im Sturm lief ich die Halde hinan bis zum oberen Felsen, klemmte mich zwischen den Steinen empor und zwängte mich auf das hohe Gelände, wo der unwirtliche Berg in Gesträuch und lockeren Felstrümmern verlief. In Schweiß und Atemklemme kam ich hinan und atmete befreiter im schwachen Luftzug der sonnigen Höhe. Verblühende Rosen hingen locker an den Ranken und ließen müde blasse Blätter sinken, wenn ich vorüberstreifte. Grüne kleine Brombeeren wuchsen überall und hatten nur an der Sonnenseite den ersten schwachen Schimmer von metallischem Braun.

Distelfalter flogen ruhig in der stillen Wärme einher und zogen Farbenblitze durch die Luft, auf einer bläulich überhauchten Schafgarbendolde saßen zahllose rot und schwarz gefleckte Käfer, eine sonderbare lautlose Versammlung, und bewegten automatenhaft ihre langen, hageren Beine. Vom Himmel waren längst alle Wolken verschwunden, er stand in reinem Blau, von den schwarzen Tannenspitzen der nahen Waldberge scharf durchschnitten.

Auf dem obersten Felsen, wo wir als Schulknaben stets

unsere Herbstfeuer angezündet hatten, hielt ich an und wendete mich um. Da sah ich tief im halbschattigen Tal den Fluß aufglänzen und die weißschaumigen Mühlenwehre blitzen, und eng in die Tiefe gebettet unsere alte Stadt mit braunen Dächern, über denen still und steil der blaue mittägliche Herdrauch in die Lüfte stieg. Da stand meines Vaters Haus und die alte Brücke, da stand unsere Werkstatt, in der ich klein und rot das Schmiedefeuer glimmen sah, und weiter flußab die Spinnerei, auf deren flachem Dache Gras wuchs und hinter deren blanken Scheiben mit vielen andern auch die Berta Vögtlin ihrer Arbeit nachging. Ach die! Ich wollte nichts von ihr wissen.

Die Vaterstadt sah wohlbekannt in der alten Vertrautheit zu mir herauf mit allen Gärten, Spielplätzen und Winkeln, die goldenen Zahlen der Kirchenuhr glänzten listig in der Sonne auf, und im schattigen Mühlkanal standen Häuser und Bäume klar in kühler Schwärze gespiegelt. Nur ich selber war anders geworden, und nur an mir lag es, daß zwischen mir und diesem Bilde ein gespenstischer Schleier der Entfremdung hing. In diesem kleinen Bezirk von Mauern, Fluß und Wald lag mein Leben nicht mehr sicher und zufrieden eingeschlossen, es hing wohl noch mit starken Fäden an diese Stätten geknüpft, war aber nicht mehr eingewachsen und umfriedet, sondern schlug überall mit Wogen der Sehnsucht über die engen Grenzen ins Weite. Indem ich mit einer eigentümlichen Trauer hinuntersah, stiegen alle meine geheimen Lebenshoffnungen feierlich in meinem Gemüte auf, Worte meines Vaters und Worte der verehrten Dichter zusammen mit meinen eigenen heimlichen Gelübden, und es schien mir eine ernsthafte, doch köstliche Sache, ein Mann zu werden und mein eigenes Schicksal bewußt in Händen zu halten. Und alsbald fiel dieser Gedanke wie ein

Licht in die Zweifel, die mich wegen der Angelegenheit mit Berta Vögtlin bedrängten. Mochte sie hübsch sein und mich gern haben; es war nicht meine Sache, das Glück so fertig und unerworben mir von Mädchenhänden schenken zu lassen.

Es war nicht mehr lange bis Mittag. Die Lust am Klettern war mir verflogen, nachdenklich stieg ich den Fußweg nach der Stadt hinab, unter der kleinen Eisenbahnbrücke durch, wo ich in früheren Jahren jeden Sommer in den dichten Brennesseln die dunkeln pelzigen Raupen der Pfauenaugen erbeutet hatte, und an der Friedhofmauer vorbei, vor deren Pforte ein moosiger Nußbaum dichten Schatten streute. Das Tor stand offen, und ich hörte von drinnen den Brunnen plätschern. Gleich nebenan lag der Spiel- und Festplatz der Stadt, wo beim Maienfest und am Sedanstag gegessen und getrunken, geredet und getanzt wurde. Jetzt lag er still und vergessen im Schatten der uralten, mächtigen Kastanien, mit grellen Sonnenflecken auf dem rötlichen Sande.

Hier unten im Tal, auf der sonnigen Straße den Fluß entlang, brannte eine erbarmungslose Mittagshitze, hier standen, auf der Flußseite den grell bestrahlten Häusern gegenüber, die spärlichen Eschen und Ahorne dünnlaubig und schon spätsommerlich angegilbt. Wie es meine Gewohnheit war, ging ich auf der Wasserseite und schaute nach den Fischen aus. Im glashellen Flusse wedelte mit langen, wallenden Bewegungen das dichte bärtige Seegras, dazwischen in dunkeln, mir genau bekannten Lücken stand da und dort vereinzelt ein dicker Fisch träge und regungslos, die Schnauze gegen die Strömung gerichtet, und obenhin jagten zuweilen in kleinen dunkeln Schwärmen die jungen Weißfische hin. Ich sah, daß es gut gewesen war, diesen Morgen nicht zum Angeln zu gehen, aber die Luft und das Wasser und die Art, wie zwischen zwei großen runden Steinen eine dunkle alte Barbe ausruhend im klaren Wasser stand, sagte mir verheißungsvoll, es werde heut am Nachmittag wahrscheinlich etwas zu fangen sein. Ich merkte es mir und ging weiter und atmete tief auf, als ich von der blendenden Straße durch die Einfahrt in den kellerkühlen Flur unseres Hauses trat.

»Ich glaube, wir werden heute wieder ein Gewitter haben«, sagte bei Tische mein Vater, der ein zartes Wettergefühl besaß. Ich wandte ein, daß kein Wölkchen am Himmel und kein Hauch von Westwind zu spüren sei, aber er lächelte und sagte: »Fühlst du nicht, wie die Luft gespannt ist? Wir werden sehen.«

Es war allerdings schwül genug, und der Abwasserkanal roch heftig wie bei Föhnbeginn. Ich spürte vom Klettern und von der eingeatmeten Hitze nachträglich eine Müdigkeit und setzte mich gegen den Garten auf die Veranda. Mit schwacher Aufmerksamkeit und oft von leichtem Schlummer unterbrochen las ich in der Geschichte des Generals Gordon, des Helden von Chartum, und immer mehr schien es nun auch mir, es müsse bald ein Gewitter kommen. Der Himmel stand nach wie vor im reinsten Blau, aber die Luft wurde immer bedrückender, als lägen durchglühte Wolkenschichten vor der Sonne, die doch klar in der Höhe stand. Um zwei Uhr ging ich in das Haus zurück und begann mein Angelzeug zu rüsten. Während ich meine Schnüre und Haken untersuchte, fühlte ich die innige Erregung der Jagd voraus und empfand mit Dankbarkeit, daß doch dieses eine, tiefe, leidenschaftliche Vergnügen mir geblieben sei.

Die sonderbar schwüle, gepreßte Stille jenes Nachmittags ist mir unvergeßlich geblieben. Ich trug meinen Fischeimer flußabwärts bis zum unteren Steg, der schon zur Hälfte im

Schatten der hohen Häuser lag. Von der nahen Spinnerei hörte man das gleichmäßige, einschläfernde Surren der Maschinen, einem Bienenfluge ähnlich, und von der Obermühle her schnarrte jede Minute das böse, schartige Kreischen der Kreissäge. Sonst war es ganz still, die Handwerker hatten sich in den Schatten der Werkstätten zurückgezogen, und kein Mensch zeigte sich auf der Gasse. Auf der Mühlinsel watete ein kleiner Bub nackt zwischen den nassen Steinen umher. Vor der Werkstatt des Wagnermeisters lehnten rohe Holzdielen an der Wand und dufteten in der Sonne überstark, der trockene Geruch kam bis zu mir herüber und war durch den satten, etwas fischigen Wasserduft hindurch deutlich zu spüren.

Die Fische hatten das ungewöhnliche Wetter auch bemerkt und verhielten sich launisch. Ein paar Rotaugen gingen in der ersten Viertelstunde an die Angel, ein schwerer breiter Kerl mit schönen roten Bauchflossen riß mir die Schnur ab, als ich ihn schon beinahe in Händen hatte. Gleich darauf kam eine Unruhe in die Tiere, die Rotaugen gingen tief in den Schlamm und sahen keinen Köder mehr an, oben aber wurden Schwärme von jungem, jährigem Fischzeug sichtbar und zogen in immer neuen Scharen wie auf einer Flucht flußaufwärts. Alles deutete darauf, daß anderes Wetter im Anzug sei, aber die Luft stand still wie Glas, und der Himmel war ohne Trübung.

Mir schien, es müsse irgendein schlechtes Abwasser die Fische vertrieben haben, und da ich noch nicht nachzugeben gesonnen war, besann ich mich auf einen neuen Standort und suchte den Kanal der Spinnerei auf. Kaum hatte ich dort einen Platz bei dem Schuppen gefunden und meine Sachen ausgepackt, so tauchte an einem Treppenfenster der Fabrik die Berta auf, schaute herüber und winkte mir. Ich tat aber, als sähe ich es nicht, und bückte mich über meine Angel.

Das Wasser strömte dunkel in dem gemauerten Kanal, ich sah meine Gestalt darin mit wellig zitternden Umrissen gespiegelt, sitzend, der Kopf zwischen den Fußsohlen. Das Mädchen, das noch drüben am Fenster stand, rief meinen Namen herüber, ich starrte aber regungslos ins Wasser und wendete den Kopf nicht um.

Mit dem Angeln war es nichts, auch hier trieben sich die Fische hastig wie in eiligen Geschäften umher. Von der bedrückenden Wärme ermüdet, blieb ich auf dem Mäuerlein sitzen, nichts mehr von diesem Tag erwartend, und wünschte, es möchte schon Abend sein. Hinter mir summte in den Sälen der Spinnerei das ewige Maschinengetöne, der Kanal rieb sich leise rauschend an den grünbemoosten, feuchten Mauern. Ich war voll schläfriger Gleichgültigkeit und blieb nur sitzen, weil ich zu träge war, meine Schnur schon wieder aufzuwickeln.

Aus dieser faulen Dämmerung erwachte ich, vielleicht nach einer halben Stunde, plötzlich mit einem Gefühl von Sorge und tiefem Unbehagen. Ein unruhiger Windzug drehte sich gepreßt und widerwillig um sich selber, die Luft war dick und schmeckte fad, ein paar Schwalben flogen erschreckt dicht über dem Wasser hinweg. Mir war schwindlig, und ich meinte, vielleicht einen Sonnenstich zu haben, das Wasser schien stärker zu riechen, und mir begann ein übles Gefühl, wie vom Magen her, den Kopf einzunehmen und den Schweiß zu treiben. Ich zog die Angelschnur heraus, um meine Hände an den Wassertropfen zu erfrischen, und begann mein Zeug zusammenzupacken.

Als ich aufstand, sah ich auf dem Platz vor der Spinnerei den Staub in kleinen spielenden Wölkchen wirbeln, plötzlich stieg er hoch und in eine einzige Wolke zusammen, hoch oben in den erregten Lüften flogen Vögel wie gepeitscht davon, und gleich darauf sah ich talherabwärts die Luft weiß werden wie in einem dicken Schneesturm. Der Wind, sonderbar kühl geworden, sprang wie ein Feind auf mich herab, riß die Fischleine aus dem Wasser, nahm meine Mütze und schlug mich wie mit Fäusten ins Gesicht.

Die weiße Luft, die eben noch wie eine Schneewand über fernen Dächern gestanden hatte, war plötzlich um mich her, kalt und schmerzhaft, das Kanalwasser spritzte hoch auf wie unter schnellen Mühlradschlägen, die Angelschnur war fort, und um mich her tobte schnaubend und vernichtend eine weiße brüllende Wildnis, Schläge trafen mir Kopf und Hände, Erde spritzte an mir empor, Sand und Holzstücke wirbelten in der Luft.

Alles war mir unverständlich; ich fühlte nur, daß etwas Furchtbares geschehe und daß Gefahr sei. Mit einem Satz war ich beim Schuppen und drinnen, blind vor Überraschung und Schrecken. Ich hielt mich an einem eisernen Träger fest und stand betäubte Sekunden atemlos in Schwindel und animalischer Angst, bis ich zu begreifen begann. Ein Sturm, wie ich ihn nie gesehen oder für möglich gehalten hatte, riß teuflisch vorüber, in der Höhe klang ein banges oder wildes Sausen, auf das flache Dach über mir und auf den Erdboden vor dem Eingang stürzte weiß in dicken Haufen ein grober Hagel, dicke Eiskörner rollten zu mir herein. Der Lärm von Hagel und Wind war furchtbar, der Kanal schäumte gepeitscht und stieg in unruhigen Wogen an den Mauern auf und nieder.

Ich sah, alles in einer Minute, Bretter, Dachschindeln und Baumzweige durch die Luft dahingerissen, fallende Steine und Mörtelstücke, alsbald von der Masse der darüber geschleuderten Hagelschloßen bedeckt; ich hörte wie unter raschen Hammerschlägen Ziegel brechen und stürzen, Glas zersplittern, Dachrinnen stürzen.

Jetzt kam ein Mensch dahergelaufen, von der Fabrik her quer über den eisbedeckten Hof, mit flatternden Kleidern schräg wider den Sturm gelegt. Kämpfend taumelte die Gestalt näher, mir entgegen, mitten aus der scheußlich durcheinandergewühlten Sintflut. Sie trat in den Schuppen, lief auf mich zu, ein stilles fremd-bekanntes Gesicht mit großen liebevollen Augen schwebte mit schmerzlichem Lächeln dicht vor meinem Blick, ein stiller warmer Mund suchte meinen Mund und küßte mich lange in atemloser Unersättlichkeit, Hände umschlangen meinen Hals, und blondes feuchtes Haar preßte sich an meine Wangen, und während ringsum der Hagelsturm die Welt erschütterte, überfiel ein stummer, banger Liebessturm mich tiefer und schrecklicher.

Wir saßen auf einem Bretterstoß, ohne Worte, eng umschlungen, ich streichelte scheu und verwundert Bertas Haar und drückte meine Lippen auf ihren starken, vollen Mund, ihre Wärme umschloß mich süß und schmerzlich. Ich tat die Augen zu, und sie drückte meinen Kopf an ihre klopfende Brust, in ihren Schoß und strich mit leisen, irren Händen über mein Gesicht und Haar.

Da ich die Augen aufschlug, von einem Sturz in Schwindelfinsternis erwachend, stand ihr ernstes, kräftiges Gesicht in trauriger Schönheit über mir, und ihre Augen sahen mich verloren an. Von ihrer hellen Stirne lief, unter den verwirrten Haaren hervor, ein schmaler Streifen hellroten Blutes über das ganze Gesicht und bis in den Hals hinab.

»Was ist? Was ist denn geschehen?« rief ich angstvoll.

Sie sah mir tiefer in die Augen und lächelte schwach.

»Ich glaube, die Welt geht unter«, sagte sie leise, und der dröhnende Wetterlärm verschlang ihre Worte. »Du blutest«, sagte ich.

»Das ist vom Hagel. Laß nur! Hast du Angst?«

»Nein. Aber du?«

»Ich habe keine Angst. Ach du, jetzt fällt die ganze Stadt zusammen. Hast du mich denn gar nicht lieb, du?«

Ich schwieg und schaute gebannt in ihre großen, klaren Augen, die waren voll betrübter Liebe, und während sie sich über meine senkten und während ihr Mund so schwer und zehrend auf meinem lag, sah ich unverwandt in ihre ernsten Augen, und am linken Auge vorbei lief über die weiße, frische Haut das dünne hellrote Blut. Und indessen meine Sinne trunken taumelten, strebte mein Herz davon und wehrte sich mit Verzweiflung dagegen, so im Sturm und wider seinen Willen weggenommen zu werden. Ich richtete mich auf, und sie las in meinem Blick, daß ich Mitleid mit ihr habe.

Da bog sie sich zurück und sah mich wie zürnend an, und da ich ihr in einer Bewegung von Bedauern und Sorge die Hand hinstreckte, nahm sie die Hand mit ihren beiden, senkte ihr Gesicht darein, sank kniend nieder und begann zu weinen, und ihre Tränen liefen warm über meine zuckende Hand. Verlegen schaute ich zu ihr nieder, ihr Kopf lag schluchzend über meiner Hand, auf ihrem Nacken spielte schattig ein weicher Haarflaum. Wenn das nun eine andere wäre, dachte ich heftig, eine, die ich wirklich liebte und der ich meine Seele hingeben könnte, wie wollte ich in diesem süßen Flaum mit liebenden Fingern wühlen und diesen weißen Nacken küssen! Aber mein Blut war stiller geworden, und ich litt Qualen der Scham darüber, diese da zu meinen Füßen knien zu sehen, welcher ich nicht gewillt war, meine Jugend und meinen Stolz hinzugeben.

Dieses alles, das ich durchlebte wie ein verzaubertes Jahr und das mir heute noch mit hundert kleinen Regungen und Gebärden wie ein großer Zeitraum im Gedächtnis steht, hat in der Wirklichkeit nur wenige Minuten gedauert. Eine Helligkeit brach unvermutet herein, Stücke blauen Himmels schienen feucht in versöhnlicher Unschuld hervor, und plötzlich, messerscharf abgeschnitten, fiel das Sturmgetöse in sich zusammen, und eine erstaunliche, unglaubhafte Stille umgab uns.

Wie aus einer phantastischen Traumhöhle trat ich aus dem Schuppen hervor an den wiedergekehrten Tag, verwundert, daß ich noch lebte. Der öde Hof sah übel aus, die Erde zerwühlt und wie von Pferden zertreten, überall Haufen von großen eisigen Schloßen, mein Angelzeug war fort und auch der Fischeimer verschwunden. Die Fabrik war voll Menschengetöse, ich sah durch hundert zerschlagene Scheiben in die wogenden Säle, aus allen Türen drängten Menschen hervor. Der Boden lag voll von Glasscherben und zerborstenen Ziegelsteinen, eine lange blecherne Dachrinne war losgerissen und hing schräg und verbogen über das halbe Haus herab. Nun vergaß ich alles, was eben noch gewesen war, und fühlte nichts als eine wilde, ängstliche Neugierde, zu sehen, was eigentlich passiert wäre und wieviel Schlimmes das Wetter angerichtet habe. Alle die zerschlagenen Fenster und Dachziegel der Fabrik sahen im ersten Augenblick recht wüst und trostlos aus, aber schließlich war doch das alles nicht gar so gräßlich und stand nicht recht im Verhältnis zum furchtbaren Eindruck, den der Zyklon mir gemacht hatte. Ich atmete auf, befreit und halb auch wunderlich enttäuscht und ernüchtert: die Häuser standen wie zuvor, und zu beiden Seiten des Tales waren auch die Berge noch da. Nein, die Welt war nicht untergegangen.

Indessen, als ich den Fabrikhof verließ und über die Brücke in die erste Gasse kam, gewann das Unheil doch wieder ein schlimmeres Ansehen. Das Sträßlein lag voll von Scherben und zerbrochenen Fensterläden, Schornsteine waren herabgestürzt und hatten Stücke der Dächer mitgerissen, Menschen standen vor allen Türen, bestürzt und klagend, alles, wie ich es auf Bildern belagerter und eroberter Städte gesehen hatte. Steingeröll und Baumäste versperrten den Weg. Fensterlöcher starrten überall hinter Splittern und Scherben, Gartenzäune lagen am Boden oder hingen klappernd über Mauern herab. Kinder wurden vermißt und gesucht, Menschen sollten auf den Feldern vom Hagel erschlagen worden sein. Man zeigte Hagelstücke herum, groß wie Talerstücke und noch größere.

Noch war ich zu erregt, um nach Hause zu gehen und den Schaden im eigenen Hause und Garten zu betrachten; auch fiel mir nicht ein, daß man mich vermissen könnte, es war mir ja nichts geschehen. Ich beschloß, noch einen Gang ins Freie zu tun, statt weiter durch die Scherben zu stolpern, und mein Lieblingsort kam mir verlockend in den Sinn, der alte Festplatz neben dem Friedhof, in dessen Schatten ich alle großen Feste meiner Knabenjahre gefeiert hatte. Verwundert stellte ich fest, daß ich erst vor vier, fünf Stunden auf dem Heimweg von den Felsen dort vorübergegangen sei; es schienen mir lange Zeiten seither vergangen.

Und so ging ich die Gasse zurück und über die untere Brücke, sah unterwegs durch eine Gartenlücke unsern roten sandsteinernen Kirchturm wohlerhalten stehen und fand auch die Turnhalle nur wenig beschädigt. Weiter drüben stand einsam ein altes Wirtshaus, dessen Dach ich von weitem erkannte. Es stand wie sonst, sah aber doch sonderbar verändert aus, ich wußte nicht gleich warum. Erst als ich mir

Mühe gab, mich genau zu besinnen, fiel mir ein, daß vor dem Wirtshaus immer zwei hohe Pappeln gestanden hatten. Diese Pappeln waren nicht mehr da. Ein uralt vertrauter Anblick war zerstört, eine liebe Stelle geschändet.

Da stieg mir eine böse Ahnung auf, es möchte noch mehr und noch Edleres verdorben sein. Mit einemmal fühlte ich mit beklemmender Neuheit, wie sehr ich meine Heimat liebte, wie tief mein Herz und Wohlsein abhängig war von diesen Dächern und Türmen, Brücken und Gassen, von den Bäumen, Gärten und Wäldern. In neuer Erregung und Sorge lief ich rascher, bis ich drüben beim Festplatz war.

Da stand ich still und sah den Ort meiner liebsten Erinnerungen namenlos verwüstet in völliger Zerstörung liegen. Die alten Kastanien, in deren Schatten wir unsere Festtage gehabt hatten und deren Stämme wir als Schulknaben zu dreien und vieren kaum hatten umarmen können, die lagen abgebrochen, geborsten, mit den Wurzeln ausgerissen und umgestülpt, daß hausgroße Löcher im Boden klafften. Nicht einer stand mehr an seinem Platze, es war ein schauerhaftes Schlachtfeld, und auch die Linden und die Ahorne waren gefallen, Baum an Baum. Der weite Platz war ein ungeheurer Trümmerhaufen von Ästen, gespaltenen Stämmen, Wurzeln und Erdblöcken, mächtige Stämme standen noch im Boden, aber ohne Baum, abgeknickt und abgedreht mit tausend weißen, nackten Splittern.

Es war nicht möglich weiterzugehen, Platz und Straße waren haushoch von durcheinandergeworfenen Stämmen und Baumtrümmern gesperrt, und wo ich seit den ersten Kinderzeiten nur tiefen heiligen Schatten und hohe Baumtempel gekannt hatte, starrte der leere Himmel über der Vernichtung.

Mir war, als sei ich selber mit allen geheimen Wurzeln ausgerissen und in den unerbittlich grellen Tag gespien worden. Tagelang ging ich umher und fand keinen Waldweg, keinen vertrauten Nußbaumschatten, keine von den Eichen der Bubenkletterzeit mehr wieder, überall weit um die Stadt nur Trümmer, Löcher, gebrochene Waldhänge wie Gras hingemäht, Baumleichen klagend mit entblößtem Wurzelwerk zur Sonne gekehrt. Zwischen mir und meiner Kindheit war eine Kluft aufgebrochen, und meine Heimat war nicht die alte mehr. Die Lieblichkeit und die Torheit der gewesenen Jahre fielen von mir ab, und bald darauf verließ ich die Stadt, um ein Mann zu werden und das Leben zu bestehen, dessen erste Schatten mich in diesen Tagen gestreift hatten.

(1913)

Piktors Verwandlungen

Kaum hatte Piktor das Paradies betreten, so stand er vor einem Baume, der war zugleich Mann und Frau. Piktor grüßte den Baum mit Ehrfurcht und fragte: »Bist du der Baum des Lebens?« Als aber statt des Baumes die Schlange ihm Antwort geben wollte, wandte er sich ab und ging weiter. Er war ganz Auge, alles gefiel ihm so sehr. Deutlich spürte er, daß er in der Heimat und am Quell des Lebens sei.

Und wieder sah er einen Baum, der war zugleich Sonne und Mond.

Sprach Piktor: »Bist du der Baum des Lebens?«

Die Sonne nickte und lachte, der Mond nickte und lächelte.

Die wunderbarsten Blumen blickten ihn an, mit vielerlei Farben und Lichtern, mit vielerlei Augen und Gesichtern. Einige nickten und lachten, einige nickten und lächelten, andere nickten nicht und lächelten nicht: sie schwiegen trunken, in sich selbst versunken, im eigenen Dufte wie ertrunken. Eine sang das Lila-Lied, eine sang das dunkelblaue Schlummerlied. Eine von den Blumen hatte große blaue Augen, eine andre erinnerte ihn an seine erste Liebe. Eine roch nach dem Garten der Kindheit, wie die Stimme der Mutter klang ihr süßer Duft. Eine andere lachte ihn an und streckte ihm eine gebogene rote Zunge lang entgegen. Er leckte daran, es schmeckte stark und wild, nach Harz und Honig, und auch nach dem Kuß einer Frau.

Zwischen all den Blumen stand Piktor voll Sehnsucht und banger Freude. Sein Herz, als ob es eine Glocke wäre, schlug schwer, schlug sehr; es brannte ins Unbekannte, ins zauberhaft Geahnte sehnlich sein Begehr.

Einen Vogel sah Piktor sitzen, sah ihn im Grase sitzen und von Farben blitzen, alle Farben schien der schöne Vogel zu besitzen. Den schönen bunten Vogel fragte er: »O Vogel, wo ist denn das Glück?«

»Das Glück«, sprach der schöne Vogel und lachte mit seinem goldenen Schnabel, »das Glück, o Freund, ist überall, in Berg und Tal, in Blume und Kristall«.

Mit diesen Worten schüttelte der frohe Vogel sein Gefieder, ruckte mit dem Hals, wippte mit dem Schwanz, zwinkerte mit dem Auge, lachte noch einmal, dann blieb er regungslos sitzen, saß still im Gras, und siehe: der Vogel war jetzt zu einer bunten Blume geworden, die Federn Blätter, die Krallen Wurzeln. Im Farbenglanze, mitten im Tanze, ward er zur Pflanze. Verwundert sah es Piktor.

Und gleich darauf bewegte die Vogelblume ihre Blätter und Staubfäden, hatte das Blumentum schon wieder satt, hatte keine Wurzeln mehr, rührte sich leicht, schwebte langsam empor, und war ein glänzender Schmetterling geworden, der wiegte sich schwebend, ohne Gewicht, ohne Licht, ganz leuchtendes Gesicht. Piktor machte große Augen.

Der neue Falter aber, der frohe bunte Vogelblumenschmetterling, das lichte Farbengesicht flog im Kreise um den erstaunten Piktor, glitzerte in der Sonne, ließ sich sanft wie eine Flocke zur Erde nieder, blieb dicht vor Piktors Füßen sitzen, atmete zart, zitterte ein wenig mit den glänzenden Flügeln, und war alsbald in einen farbigen Kristall verwandelt, aus dessen Kanten ein rotes Licht strahlte. Wunderbar leuchtete aus dem grünen Gras und Gekraute, hell wie Festgeläute, der rote Edelstein. Aber seine Heimat, das Innere der Erde, schien ihn zu rufen; schnell ward er kleiner und drohte zu versinken.

Da griff Piktor, von übermächtigem Verlangen getrieben,

nach dem schwindenden Steine und nahm ihn an sich. Mit Entzücken blickte er in sein magisches Licht, das ihm Ahnung aller Seligkeit ins Herz zu strahlen schien.

Plötzlich am Ast eines abgestorbenen Baumes ringelte sich die Schlange und zischte ihm ins Ohr: »Der Stein verwandelt dich in was du willst. Schnell sage ihm deinen Wunsch, eh es zu spät ist!«

Piktor erschrak und fürchtete sein Glück zu versäumen. Rasch sagte er das Wort und verwandelte sich in einen Baum. Denn ein Baum zu sein hatte er schon manchmal gewünscht, weil die Bäume ihm so voll Ruhe, Kraft und Würde zu sein schienen.

Piktor wurde ein Baum. Er wuchs mit Wurzeln in die Erde ein, er reckte sich in die Höhe, Blätter trieben und Zweige aus seinen Gliedern. Er war damit sehr zufrieden. Er sog mit durstigen Fasern tief in der kühlen Erde, und wehte mit seinen Blättern hoch im Blauen. Käfer wohnten in seiner Rinde, zu seinen Füßen wohnten Hase und Igel, in seinen Zweigen die Vögel.

Der Baum Piktor war glücklich und zählte die Jahre nicht, welche vergingen. Sehr viele Jahre gingen hin, eh er merkte, daß sein Glück nicht vollkommen sei. Langsam nur lernte er mit den Baum-Augen zu sehen. Endlich war er sehend, und wurde traurig.

Er sah nämlich, daß rings um ihn her im Paradiese die meisten Wesen sich sehr häufig verwandelten, ja daß alles in einem Zauberstrome ewiger Verwandlung floß. Er sah Blumen zu Edelsteinen werden, oder als blitzende Schwirrvögel dahinfliegen. Er sah neben sich manchen Baum plötzlich verschwinden: der eine war zur Quelle zerronnen, der andre zum Krokodil geworden, ein andrer schwamm froh und kühl, voll Lustgefühl, mit muntern Sinnen als Fisch von hinnen, in neuen Formen neue Spiele zu beginnen. Elefanten tauschten ihr Kleid mit Felsen, Giraffen ihre Gestalt mit Blumen.

Er selbst aber, der Baum Piktor, blieb immer derselbe, er konnte sich nicht mehr verwandeln. Seit er dies erkannt hatte, schwand sein Glück dahin; er fing an zu altern und nahm immer mehr jene müde, ernste und bekümmerte Haltung an, die man bei vielen alten Bäumen beobachten kann. Auch bei Pferden, bei Vögeln, bei Menschen und allen Wesen kann man es ja täglich sehen: Wenn sie nicht die Gabe der Verwandlung besitzen, verfallen sie mit der Zeit in Traurigkeit und Verkümmerung, und ihre Schönheit geht verloren.

Eines Tages nun verlief sich ein junges Mädchen in jene Gegend des Paradieses, im blonden Haar, im blauen Kleid. Singend und tanzend lief die Blonde unter den Bäumen hin, und hatte bisher noch nie daran gedacht, sich die Gabe der Verwandlung zu wünschen.

Mancher kluge Affe lächelte hinter ihr her, mancher Strauch streifte sie zärtlich mit einer Ranke, mancher Baum warf ihr eine Blüte, eine Nuß, einen Apfel nach, ohne daß sie darauf achtete.

Als der Baum Piktor das Mädchen erblickte, ergriff ihn eine große Sehnsucht, ein Verlangen nach Glück, wie er es noch nie gefühlt hatte. Und zugleich nahm ein tiefes Nachsinnen ihn gefangen, denn ihm war, als riefe sein eigenes Blut ihm zu: »Besinne dich! Erinnere dich in dieser Stunde deines ganzen Lebens, finde den Sinn, sonst ist es zu spät, und es kann nie mehr ein Glück zu dir kommen.« Und er gehorchte. Er entsann sich all seiner Herkunft, seiner Menschenjahre, seines Zuges nach dem Paradiese, und ganz besonders jenes Augenblicks, ehe er ein Baum geworden war, jenes wunderbaren Augenblicks, da er den Zauberstein in Händen gehalten hatte. Damals, da jede Verwandlung ihm offenstand, hatte das Leben in ihm geglüht wie niemals! Er gedachte des Vogels, welcher damals gelacht hatte, und des Baumes mit der Sonne und dem Monde; es ergriff ihn die Ahnung, daß er damals etwas versäumt, etwas vergessen habe, und daß der Rat der Schlange nicht gut gewesen sei.

Das Mädchen hörte in den Blättern des Baumes Piktor ein Rauschen, es blickte zu ihm empor und empfand, mit plötzlichem Weh im Herzen, neue Gedanken, neues Verlangen, neue Träume sich im Innern regen. Von der unbekannten Kraft gezogen, setzte sie sich unter den Baum. Einsam schien er ihr zu sein, einsam und traurig, und dabei schön, rührend und edel in seiner stummen Traurigkeit; betörend klang ihr das Lied seiner leise rauschenden Krone. Sie lehnte sich an den rauhen Stamm, fühlte den Baum tief erschauern, fühlte denselben Schauer im eigenen Herzen. Seltsam weh tat ihr das Herz, über den Himmel ihrer Seele liefen Wolken hin, langsam sanken aus ihren Augen die schweren Tränen. Was war doch dies? Warum mußte man so leiden? Warum begehrte das Herz die Brust zu sprengen und hinüberzuschmelzen zu ihm, in ihn, den schönen Einsamen?

Der Baum zitterte leise bis in die Wurzeln, so heftig zog er alle Lebenskraft in sich zusammen, dem Mädchen entgegen, in dem glühenden Wunsch nach Vereinigung. Ach, daß er von der Schlange überlistet, sich für immer allein in einen Baum festgebannt hatte! O wie blind, o wie töricht war er gewesen! Hatte er denn so gar nichts gewußt, war er dem Geheimnis des Lebens so fremd gewesen? Nein, wohl hatte er es damals dunkel gefühlt und geahnt – ach, und mit Trauer und tiefem Verstehen dachte er jetzt des Baumes, der aus Mann und Weib bestand!

Ein Vogel kam geflogen, ein Vogel rot und grün, ein Vogel schön und kühn kam geflogen, im Bogen kam er gezogen. Das Mädchen sah ihn fliegen, sah aus seinem Schnabel etwas niederfallen, das leuchtete rot wie Blut, rot wie Glut, es fiel ins grüne Kraut und leuchtete im grünen Kraut so tief vertraut, sein rotes Leuchten warb so laut, daß das Mädchen sich niederbückte und das Rote aufhob. Da war es ein Kristall, war ein Karfunkelstein, und wo der ist, kann es nicht dunkel sein.

Kaum hielt das Mädchen den Zauberstein in seiner weißen Hand, da ging alsbald der Wunsch in Erfüllung, von dem sein Herz so voll war. Die Schöne wurde entrückt, sie sank dahin und wurde eins mit dem Baume, trieb als ein starker junger Ast aus seinem Stamm, wuchs rasch zu ihm empor.

Nun war alles gut, die Welt war in Ordnung, nun erst war das Paradies gefunden. Piktor war kein alter bekümmerter Baum mehr, jetzt sang er laut Piktoria, Viktoria.

Er war verwandelt. Und weil er dieses Mal die richtige, die ewige Verwandlung erreicht hatte, weil er aus einem Halben ein Ganzes geworden war, konnte er sich von Stund an weiterverwandeln, soviel er wollte. Ständig floß der Zauberstrom des Werdens durch sein Blut, ewig hatte er Teil an der allstündlich erstehenden Schöpfung.

Er wurde Reh, er wurde Fisch, er wurde Mensch und Schlange, Wolke und Vogel. In jeder Gestalt aber war er ganz, war ein Paar, hatte Mond und Sonne, hatte Mann und Weib in sich, floß als Zwillingsfluß durch die Länder, stand als Doppelstern am Himmel.

(1922)

Nachwort

Durch Hermann Hesses Schilderungen, schrieb Walther Rathenau 1904, klinge ein »Ton der Wahrhaftigkeit, der Gefühle und Gedanken, auch bekanntere und geläufige, erneut und adelt«. Dieser Eindruck steht in der einzigen Buchbesprechung, die der künftige Außenminister der Weimarer Republik im Laufe seines Lebens schrieb. Sie galt Hesses erstem Roman *Peter Camenzind* und ließe sich wohl auch auf diese Liebesgeschichten übertragen. Denn wie alles Positive im Leben ist auch der Begriff der Liebe angesichts der Schleimspur, die Schlager, Werbung und Regenbogenpresse tagtäglich darüber absondern, mittlerweile bis zur Unkenntlichkeit mißbraucht und trivialisiert. Und so muß man hier wie überall, wo wir unseren Gefühlen, ihren Abgründen und Höhenflügen auf authentische Weise wiederbegegnen wollen, die Künstler zu Wort kommen lassen, welche die abgewirtschafteten Begriffe durch Darstellungen aus erster Hand regenerieren, indem sie das scheinbar Bekannte auf eine Weise sagen, als sei es noch nie gesagt worden – und damit seine ursprüngliche Wucht und Würde wieder glaubhaft machen.

Für einen Dichter wie Hermann Hesse, dem »Phantasie und Einfühlungsvermögen nichts anderes als Formen der Liebe« waren, ist das Spektrum dessen, was Liebe bedeuten kann, natürlich viel größer als das, was gemeinhin darunter verstanden wird. Sein ganzes Werk entstand aus diesem Impuls, seine Romane, Erzählungen, Gedichte, Betrachtungen, Gedenkblätter nicht weniger als Tausende von Buchbesprechungen, Antworten auf Leserbriefe, aber auch seine Aquarelle, die er als Liebeserklärungen an seine Tessiner

Wahlheimat bezeichnet hat, oder die Fürsorgetätigkeit, die Emigranten-, die Kollegen- und Flüchtlingshilfe während und nach den beiden Weltkriegen. Denn »Sinn erhält das Leben einzig durch die Liebe«, schrieb er 1956 an eine Leserin, »das heißt: je mehr wir zu lieben und uns hinzugeben fähig sind, desto sinnvoller wird unser Leben«.

Neben dieser sozialen Spielart der Liebe steht die private und partnerschaftliche, deren Gelingen oder Scheitern eng mit der anderen verknüpft ist. Je erfüllter die persönliche Beziehung, desto weniger muß sie auf andere Weise kompensiert und sublimiert werden, und so bleiben Erfüllung und Glück in der Regel selbstgenügsam und stumm, während Scheitern und Unglück mitteilsam macht. Die Weltliteratur ist voll von Darstellungen fehlgeschlagener Liebesbeziehungen. Doch Schilderungen, die uns am Glücken teilhaben lassen, sind Mangelware.

Auch Hermann Hesses Liebesgeschichten machen da keine Ausnahme. Früh schon war ihm Thomas Manns »Tonio Kröger«-Erfahrung vertraut, daß derjenige, der liebt, der Unterlegene und zum Leiden Verurteilte ist. Besonders die Erzählungen aus den ersten 15 Jahren seiner schriftstellerischen Tätigkeit handeln davon, ebenso wie die in diesem Zeitraum entstandenen Romane *Peter Camenzind, Unterm Rad*, *Gertrud* und *Roßhalde*, während die Arbeiten der zweiten Lebenshälfte *Klingsors letzter Sommer*, *Siddhartha*, *Der Steppenwolf, Narziß und Goldmund* dem Thema andere Facetten abgewinnen. Allein in Hesses Alterswerk *Das Glasperlenspiel* spielt die Liebe zwischen den Geschlechtern kaum eine Rolle mehr (es sei denn im letzten Kapitel, dem *Indischen Lebenslauf*).

»In der Liebe«, heißt es in einer seiner frühesten Erzählungen, »beginnt jeder, auch der Glücklichste, notwendig mit einer Niederlage.« Diese Erfahrungen der ersten Liebe sind es, die Hesse nicht loslassen und die er mit beseelter Präzision festgehalten hat. Wie sich der *Lateinschüler* Karl Bauer nach seiner Begegnung mit der blonden Tine plötzlich von der Clique draufgängerischer Halbwüchsiger abwendet, ganz kleinlaut wird und in der »Traumwolke seiner Verliebtheit« wieder die lange vernachlässigte Geige zu spielen beginnt, wie sein renommiersüchtiger Mutwille auf einmal erlischt und ein Lächeln des Mädchens für ihn »ein unschätzbares Geschenk und jeder ihrer Blicke zur Flamme wird, die ihn mit Glanz und Glut umhüllt«, hat etwas Prototypisches.

Nicht der zumeist deprimierende Ausgang macht den schwermütigen Reiz dieser Schilderungen aus, sondern auf welche Weise der Erzähler das plötzliche Exponiertsein des Liebenden, die aufwühlende Destabilisierung seines Inneren zu vergegenwärtigen versteht, wobei alles, was zuvor in leidlicher Balance schien, Hals über Kopf in das Magnetfeld eines anderen Menschen gerät, ungewiß, ob die eigene Ausstrahlung anzuziehen vermag, oder ob sie nur abstoßend wirkt.

Weil Hesses Verehrern alles Zudringliche abgeht und eine erregte Befangenheit sie hindert, das Außergewöhnliche ihrer Neigung anders zu äußern, als sie es empfinden, laufen sie Gefahr, von der Geliebten unbemerkt zu bleiben. Denn mit den Mädchen, in die sie verliebt sind, zu reden, fällt ihnen schwerer als mit jedem anderen Menschen. Was sie angesichts der als vollkommen empfundenen Schönheit der Wunschpartnerin erleben: den Drang, nun auch ihrerseits dieser Vollkommenheit gerecht zu werden, ist eine Regung, die sich selten unbeschwert äußert.

Daß die so offensichtlich scheinende Entsprechung von

äußerer und innerer Schönheit trügen kann – die Hoffnung also, daß auf die als besseres Ich empfundene eigene Neigung nun auch das bessere Ich der Geliebten reagieren müsse, gehört zu den desillusionierenden Lektionen, die auch Hesses Jugendlichen (wie etwa *Hans Amstein*) nicht erspart bleiben. Doch wie immer diese Leidenschaften ausgehen, für den Betroffenen kommt dabei jedesmal von neuem alles in Fluß, in Umbruch und auf den Prüfstand. Es beflügelt, es drängt ihn zu Veränderung und Ausdruck. Die Liebe wird ihm zum Ansporn inneren Wachstums und mündet am Ende der verschiedensten Entwicklungen, die Hesses Liebesgeschichten durchlaufen, in die keineswegs resignative Erfahrung des Künstlers: »Es ist kein Glück geliebt zu werden, ... aber lieben, das ist Glück.« Der kreative Mensch müsse seine »Liebe so frei wie möglich halten, um sie zu jeder Stunde verschenken zu können«.

In Erzählungen, wie *Taedium vitae*, hat Hesse sowohl das Unvermittelte wie auch den Zauber dieses Vorgangs dargestellt: »Ich sah sie kaum, da ging auch schon ihr Stern in mir auf, daß ich ihre feine Gestalt und innige, unschuldige Schönheit im Herzen begriff und die Melodie erfühlte, in welche eingehüllt sie sich bewegte ... Es waren noch andere Frauen da, glänzendere und verheißungsvolle in reifer Pracht, und kluge mit durchdringenden Augen, doch hatte keine einen solchen Duft und keine war von so sanfter Musik umflossen.« Unvergeßlich in diesen Schilderungen, wie eindringlich sie ausdrücken, auf welche Weise ein zuvor gleichgültiger Mensch im Magnetfeld der Zuneigung zu einem Teil des eigenen Selbst wird, der unversehens zu jubeln oder zu leiden vermag.

Die Geschichte *Heumond* beschreibt mit geradezu physiologischer Genauigkeit, was daraufhin folgt: »Er hatte das

Gefühl, als würde ihm langsam, langsam die Luft entzogen, bis zum Ersticken. Nur war es angenehm, auf eine traurige, quälende Art angenehm … Er konnte kaum noch atmen, so stark arbeitete sein Herzschlag, und sein ganzer Leib brannte und fror zugleich … Ein Druck und leichter Schwindel im Kopf, eine Hitze in der Kehle und ein lähmend ungleiches, wunderliches Wallen des Herzens, als sei sein Puls unterbunden. Aber es war angenehm, so weh es tat.«

In *Unterm Rad*, einer der wenigen frühen Romane, worin es mitunter zu einem Anflug von Gegenliebe kommt, setzt Hesse diese Beobachtungen fort: »So oft [ihre Hand die seinige berührte] stockte ihm das Herz in angstvoller Wonne und kam eine wohlig süße Schwäche über ihn, daß seine Knie ein wenig zitterten und in seinem Kopf ein schwindliges Sausen erklang … Alles war wie verwandelt. Die Leute und das Treiben rundherum waren zu einem farbig lachenden Wolkenwesen aufgelöst. Die einzelnen Stimmen, Flüche und Gelächter gingen in einem allgemeinen trüben Brausen unter, der Fluß und die alte Brücke sahen fern und wie gemalt aus … Ein heftiger Schauder lief ihm über den Leib, als er mit scheuen Lippen den Mund des Mädchens berührte. Er zitterte augenblicklich wieder zurück, aber sie hatte seinen Kopf mit den Händen umfaßt, drückte ihr Gesicht in seines und ließ seine Lippen nicht los. Er fühlte ihren Mund brennen, er fühlte ihn sich anpressen und gierig festsaugen, als wolle er ihm das Leben austrinken. Eine tiefe Schwäche überkam ihn, … taumelnd hörte er seinem Blute nach, das ihm im Kopfe hämmerte, in ungleichen schmerzhaften Wogen vom Herzen und zurück flutete und ihm den Atem verhielt.«

In der Geschichte vom *Lateinschüler* kommt es nur zu zaghaften Berührungen, aber deren Ergebnis ist nicht weniger nachhaltig: »Er ging glücklich fort, mit leichten, ruhigen Schritten, als sei die gepflasterte Stadtstraße ein weicher Rasenboden, und mit blinden einwärtsgekehrten Augen, als komme er aus einem blendend lichten Lande. Er hatte ja kaum mit ihr gesprochen, aber er hatte Du zu ihr gesagt, und sie zu ihm, er hatte ihre Hand gehalten, und sie war ihm mit der ihren übers Haar gefahren. Das schien ihm mehr als genug, und auch noch nach vielen Jahren fühlte er, so oft er an diesen Abend dachte, ein Glück und eine dankbare Güte seine Seele wie ein Lichtschein erfüllen.«

In den meisten dieser Geschichten ist der Erzähler oder der junge Mann, von dem berichtet wird, nicht mehr als zwölf bis vierundzwanzig Jahre alt. Etwa die Hälfte davon spielt während der beiden letzten Jahrzehnte des 19. Jahrhunderts im süddeutsch-alemannischen Kleinstadtmilieu, dessen Alltag und Aroma sie ebenso überliefern wie die damaligen Sitten und Umgangsformen. Was das französische Provinznest Illiers für Marcel Proust, was Metropolen wie Dublin und Prag für James Joyce und Franz Kafka bedeuteten, das war für Hermann Hesse das schwäbische Pietistenstädtchen Calw, dessen damals dreitausend Einwohner sich vom Tuch- und Holzhandel ernährten und das durch seine Lage am kleinen Fluß Nagold allerlei Mühlen und Gerbereien unterhielt, denen es seinen Namen »Gerbersau« in den dort spielenden Geschichten verdankt. Mit liebevoller Anschaulichkeit überliefern sie »ein unvergeßliches Stück Kleindeutschland, ein Spitzweg-Bild und [sind] gleichzeitig voll reiner Musik wie ein Volkslied« (Stefan Zweig). Das Idyllische und Spitzweghafte freilich wird ernüchtert durch die naturalistischen Darstellungen der derben Rang- und Hackordnungen in den Handwerksbetrieben und die nicht weniger realistischen Genrebilder vom Feierabend und Zeitvertreib der einfachen Leute, wie sie der siebzehnjährige Hesse dort 1894/95 während seiner 15monatigen Schlosserlehrzeit kennengelernt hat. Sinnenfrohe Naturschilderungen korrespondieren organisch mit den sinnlichen Sensationen zwischen den Geschlechtern. Beides, der Lebensabschnitt der sogenannten Pubertät wie auch deren gedrosselte Bewegungsfreiheit vor hundert Jahren, prägt jene Erzählungen. Das Umfeld ist historisch, doch die Vorgänge sind es nicht.

Der moussierende Zustand des Verliebtseins, die beklommenen Vorstöße in die ganz andere und gleichwohl ersehnte Welt des Wunschpartners, der unablässige Drang nach Nähe kann nicht lebendiger vergegenwärtigt werden. Die Darstellung des Vollzugs jedoch, die uns heute die sexuelle Freizügigkeit beschert, bleibt vergleichsweise unpersönlich, verglichen mit dem, was im Vorfeld der erotischen Begegnung geschieht. Bei Hesse wird die Spannung, das Glücksgefühl, die Intensivierung aller Sinneswahrnehmungen vor der Vereinigung der Geschlechter vom Rausch der Verwirklichung kaum übertroffen. Nicht die physische, sondern die seelische Dimension ist es, deren Energien auszuloten ihn reizt. Das Stadium ihres Ausbruchs fesselt ihn mehr als die Hindernisse, die ihre Entfaltung erschweren. Das macht seine Schilderungen weniger zu Liebesgeschichten als zu Geschichten vom Verlieben nach der Devise seines berühmten »Stufen«-Gedichtes: »Und jedem Anfang wohnt ein Zauber inne ...«

Nicht daß er die körperliche Spielart der Liebe ganz ausklammert. Er schildert sie in der zwei Jahrzehnte später geschriebenen indischen Legende *Siddhartha* als ein Abenteuer mit überindividuellen Spielregeln.

Durch die Hetäre Kamala wird Siddhartha eingeweiht in die Kunst der körperlichen Zuwendung: »Vieles lehrte ihn ihr roter kluger Mund. Vieles lehrte ihn ihre zarte, geschmeidige Hand. Ihn, der in der Liebe noch ein Knabe war und dazu neigte, sich blindlings und unersättlich in die Lust zu stürzen wie ins Bodenlose, lehrte sie von Grund auf jene Lehre, daß man Lust nicht nehmen kann, ohne Lust zu geben, und daß jede Gebärde, jedes Streicheln, jede Berührung, jeder Anblick, jede kleinste Stelle des Körpers ihr Geheimnis hat, das zu wecken dem Wissenden Glück bereitet. Sie lehrte ihn, daß Liebende nach einer Liebesfeier nicht voneinander gehen dürfen, ohne eins das andere zu bewundern und ebenso besiegt zu sein wie gesiegt zu haben, so daß bei keinem von beiden Übersättigung und Öde entstehe und das böse Gefühl mißbraucht zu haben oder mißbraucht worden zu sein.«

In Hesses Erzählungen begegnen uns die verschiedensten Konstellationen und Entwicklungsstufen der Liebe. Da viele von ihnen, wie Siegfried Greiner in seiner Dokumentation über »Hermann Hesses Jugend in Calw« nachgewiesen hat, reale Begebenheiten aufgreifen, manche sogar eigene Erlebnisse in leicht zu durchschauenden Larven sind, zeigen sie einerseits den Spezialfall ihres Verfassers, zugleich aber, wie immer bei Hesse, auch grundsätzliche Erlebens- und Verhaltensmuster, die von vielen Menschen wiedererkannt werden. Sie zeigen die drängende Ungeduld und Neigung des Verliebten, von Entführungen und Heldentaten zu träumen, die um so verwegener sind, je aussichtsloser die Werbung erscheint. Sie schildern die idealistische Bereitschaft, jedes Risiko auf sich zu nehmen, um die Geliebte beeindrucken und ihr den Ernst und die Ausschließlichkeit der Hingabe beweisen zu können, wie *Peter Camenzind*, der seinem Mädchen vom höchsten Gipfel und unter Lebensgefahr Alpenrosen herabholt, oder wie der Musiker Kuhn im Roman

Gertrud, der um einer Laune der begehrten Liddy zu genügen, sich auf eine halsbrecherische Mutprobe einläßt, die ihm eine lebenslange Behinderung einträgt. Andere Geschichten zeigen das träumerische Bedürfnis des Jünglings, »in seinem Herzen einen Altar zu errichten, auf dem die Flamme um so höher lodert, je trauriger die Verliebtheit verläuft«, den Drang also, die Lauterkeit seiner Zuneigung »lächelnd und mit dem Dolch im Herzen« als »auszeichnendes Martyrium« zu begreifen und die Geliebte in »reinigendem Anbeten« auf einen Sockel zu stellen, bis er früher oder später seine »peinlich-komische Rolle als genarrter Narr« zu erkennen vermag. Aber auch das Gegenteil kommt vor, wie im zweifachen Sturm des *Zyklon*, wo es dem Ich-Erzähler widerstrebt, sich »das Glück fertig und unerworben« vom Mädchen schenken zu lassen und einer nicht wirklich Geliebten seine »Jugend und seinen Stolz hinzugeben«.

Andere Geschichten, wie *Hans Dierlamms Lehrzeit*, zeigen die Höllen der Eifersucht und die anarchische Komponente einer Hörigkeit, die den Liebenden dazu treiben kann, die Kontrolle über sich zu verlieren, »seinen Beruf an den nächsten Nagel zu hängen und jede gute und schlimme Tat zu begehen«. Verkaufte Liebe (*Die Marmorsäge*), Liebe aus Mitleid oder Leidenschaft ohne Zuneigung (*Der Zyklon*), Koketterie mit der Liebe aus Eitelkeit oder sadistischem Zeitvertreib (*Hans Amstein*) sind weitere Varianten des Themas. Aber auch der Typus des Don Juan, des galanten Virtuosen der Gefühle, begegnet uns in einer der wenigen Erzählungen, die keine biographischen Elemente enthalten. Es ist die Geschichte von *Casanovas Bekehrung*, worin eine Episode aus den Memoiren des gerissenen Praktikers der Verführungskunst einfallsreich, doch in den Daten korrekt nacherzählt wird.

Noch manch andere Konstellationen der Liebe spielen sich ab, wie das tragikomische Schicksal des linkischen Kurzwarenhändlers Ohngelt in der Erzählung *Die Verlobung*, dem erst nach bitteren Demütigungen die Augen für das Nächstliegende aufgehen: die Zuneigung eines unscheinbaren Mädchens, mit deren praktischer Lebensklugheit ihm mehr gedient ist als mit den anspruchsvolleren Vorlieben seiner Träume.

Die Ehe hingegen ist für Hesse kein Thema in seinen Liebesgeschichten. Daß er sie ausspart, hat für den Kenner seiner Biographie wenig Verwunderliches, ist er doch selber dem Schwur »bis daß der Tod uns scheide« vor jeder seiner drei Ehen von Mal zu Mal länger ausgewichen. Keine dieser Heiraten, die für ihn schwierige »Anpassungsversuche an das Bürgerliche« waren, ist von ihm selber betrieben worden. Jedesmal war es die Frau (oder deren Eltern), die ihn dazu drängte, die den Künstler in ihm, dessen Produktionsmittel es ist, lebendig zu bleiben und sich mit Hilfe der Liebe immer neu verwandeln zu können, anzubinden versuchte, um ihm »den Ring durch die Nase zu ziehen«. So resümiert er in einem Brief vom November 1929 an seinen Sohn Bruno: »Für den Künstler, überhaupt für den begabten Phantasiemenschen, ist die Ehe beinahe immer eine Enttäuschung. Im besten Fall ist es eine langsame, erträgliche, mit der man sich halt abfindet, aber es stirbt dabei, ohne viel Schmerzen, ein Stück Seele und Lebenskraft ab, und wir sind nachher ärmer, während wir nach dem Erleben eines echten großen Schmerzes eher reicher sind.«

Solch produktiven Schmerzen hat Hesse sich, zumal in den Jahrzehnten seiner ersten Ehe, durchaus ausgesetzt. Sie sind überliefert in Erzählungen wie *Taedium vitae*, die im Schwabinger Künstlermilieu spielt, wo Hesse als Mitarbeiter und Herausgeber der Zeitschriften »Simplicissimus« und »März« von 1907 bis 1912 häufig zu Gast war. »Warum bist Du so tot? Wann bist Du das letzte Mal jung gewesen?«, fragt sich der 30jährige Ich-Erzähler, den die vorausberechenbare Routine seiner allzu etablierten Existenz bedrückt. Erst die Begegnung mit der Münchner Kunstgewerbeschülerin Maria gibt ihm das Gefühl, »wieder 19 Jahre alt und unversehrt« auf eigenen Füßen zu gehen statt auf Schienen, und die Hoffnung, sein Leben erneut mitten in den Strom lenken zu können. »Zum Ehemann«, schrieb Hesse schon 1904, kurz nach seiner ersten Vermählung, »gehören Talente, die unsereiner nicht hat« ... »Man ist eben angebunden, wenn auch ›nur‹ moralisch.« Diese Gewissensfessel ist das Thema seines Romans *Roßhalde*, des einzigen Buches, worin Hesse eine Ehe dargestellt hat, um sich darüber klar zu werden, »ob ein Künstler, der das Leben nicht nur instinktiv leben, sondern vor allem objektiv betrachten und darstellen will, ob so einer überhaupt zur Ehe fähig ist.«

Nichts hat Hesse nach seiner fast 20jährigen ersten Ehe so sehr gefürchtet wie das phlegmatische Einschlafen und Abstumpfen der Gefühle. Deshalb will Harry Haller im *Steppenwolf* »lieber einen recht teuflischen Schmerz in sich brennen fühlen als diese bekömmliche Zimmertemperatur«. Sein Hauptproblem aber war die völlige Unfähigkeit, sich emotional und in den Lebensgewohnheiten an andere zu binden, weder an eine Frau noch an Freunde geschweige denn an Vorgesetzte.

»Meine äußere Lebenstechnik«, schrieb er 1912 an Olga Diener, »dient einzig dem Zweck, mich unbedingt für meine Arbeit frei zu erhalten. Ich muß das mit viel Einsamkeit, auch unerwünschter, und mit viel äußeren Opfern zahlen ... Was im Denken und in der Kunst mein Vorzug ist, das macht mir im Leben, besonders bei Frauen, oft Beschwerden: daß ich meine Liebe nicht fixieren kann, daß ich nicht eines und eine lieben kann, sondern das Leben und die Liebe überhaupt lieben muß.« Es gelingt ihm nicht, wie dem Bürger, »seine Liebe zu hegen und zu mästen«. Die Frau ist nicht das Ziel seiner Liebe, sondern ihr Antrieb und eines der vitalsten Produktionsmittel für die Arbeit. »Ich neige dazu«, schreibt er in seinem Tagebuch vom Juli 1933, »jede starke Liebesfähigkeit zu bewundern, beinahe zu beneiden, so wie ich auch bei den Frauen, die mich geliebt haben, immer der mit fast schlechtem Gewissen Bewundernde war, denn immer schien mir ihre Fähigkeit zur Hingabe an einen Einzelnen etwas unsäglich Starkes und auch Schönes, was mir aber fehlt, was ich bewundern, aber nicht nachahmen kann.« Fast alle Künstler seien zwar oft feurige Liebhaber, aber selten gute Gatten, denn der Künstler lebe in erster Linie für sein Werk. Er habe nicht mehr Liebe zu geben als ein anderer, sondern eher weniger, da die Arbeit an seinem Werk so viel davon fordere. Auch in Hesses Roman *Narziß und Goldmund* wird dieser Konflikt thematisiert, was dem Autor zahllose, teils empörte, teils ratlose Leserbriefe einbrachte. »Ich habe«, schrieb Hesse im April 1931 an Christoph Schrempf, »wie Goldmund zur Frau ein naiv-sinnliches Verhältnis und würde wahllos lieben wie Goldmund, wenn nicht eine angeborene, anerzogene Achtung vor der Seele des Mitmenschen (also der Frau) und eine ebenso anerzogene Scheu vor dem bedenkenlosen Sich-Hingeben an die Sinne mich zügeln würde ... Das sinnliche Vergnügen ist für [den Bildhauer] Goldmund nicht Weg zum seelischen Besitzergreifen oder zu einem Verhältnis, in dem Mann und Weib sich zu wertvolleren Persönlichkeiten steigern, sondern er erreicht die Sublimierung der Liebe erst in der Kunst, erst auf einem Umweg, erst durch einen Ersatz. Dazu muß ich mich bekennen. Ich möchte um des Lebens allein willen nicht leben, ich möchte um der Frau allein willen nicht lieben, ich bedarf des Umweges über die Kunst, ich bedarf des einsamen und versponnenen Vergnügens des Künstlers, um mit dem Leben zufrieden zu sein, ja es ertragen zu können. Daß das eine gebrechliche, keineswegs vorbildliche Lebens- und Menschenart bedeutet, ist mir wohl bewußt, aber es ist *meine Art* ... Wenn Goldmund ... immer wieder zu den Frauen läuft, so ist das für mich etwa so, wie wenn eine Biene immer und immer wieder zu den Blumen fliegt, immer wieder der gleichen dunklen Anziehung folgend, einen Tropfen Saft mitnimmt, ihr Verhältnis zu den Blumen nie vertieft und vergeistigt, dafür aber zu Hause, die Blumen schnell vergessend, ihren Honig macht ... So dient Goldmund nicht der Frau und dient nicht der Beseelung seiner Liebe, sondern er trinkt bei der Frau als der für ihn wirksamsten Quelle der Natur den Tropfen Erlebnis, den Tropfen Lust und Qual, aus dem er, wenn die Zeit dafür da ist, seine Werke machen wird, seinen Honig.«

Diese Erlebnisse der Lust und Qual sind denn auch der Inhalt von Hesses Liebesgeschichten, und das, was seinen Frauen und ihm selbst dabei im Leben an Stabilität entgangen ist, kommt auf geläuterte Weise dafür dem Leser zugute. Denn nicht der selbstgenügsame Genuß seiner Emotionen, sondern deren Darstellung ist es, was den Künstler ausmacht.

Die einzige, beiden Geschlechtern gerecht werdende ganzheitlichere Modifikation des Themas ist das lyrische Märchen *Piktors Verwandlungen*. Daß es nicht wie die meisten anderen Erzählungen in der Realität, sondern im Paradies spielt, ist kein Zufall. Denn es malt einen Wunschtraum, eine Vision mit utopischen Elementen. Geschrieben (und vom Dichter zauberhaft illustriert) wurde diese Fabel als eine Liebeserklärung an Ruth Wenger (1897-1994), die Tochter der Schriftstellerin Lisa Wenger (1858-1941) und des Schweizer Industriellen Theo Wenger (1868-1928), auf dessen Betreiben hin Hesse erst nach langem Widerstreben 1924 ein zweites Mal geheiratet hat.

Jeder seiner drei Lebensgefährtinnen hat der Dichter ein solches Märchen gewidmet, seiner ersten Frau Mia die Fabel *Iris* (1918), seiner dritten Frau Ninon das launige Selbstporträt *Vogel* (1932). Eine wirkliche Liebesgeschichte aber ist nur das 1922 entstandene Märchen *Piktors Verwandlungen.*

1919, kurz nach seiner Übersiedlung in die Südschweiz, hatte der Dichter bei einem Ausflug in das Tessiner Bergdorf Carona Ruth Wenger kennengelernt (im Kapitel Kareno-Tag der Erzählung *Klingsors letzter Sommer* ist die Begegnung beschrieben) und sich auf den ersten Blick in die damals 23jährige Sängerin verliebt. Solch ein spontanes, von ihm selbst ausgehendes Verlieben hat es – soviel wir aus den überlieferten Lebenszeugnissen wissen – weder bei seiner ersten Frau Mia noch später mit Ninon Dolbin gegeben. Die bis vor kurzem unzugängliche Korrespondenz zwischen Hesse und Ruth Wenger dagegen schwingt in einer ganz anderen Tonlage als die frühen der an Mia und Ninon gerichteten Briefe. Es sind ergreifende Episteln eines Aufgewühlten (»Lieben können – welche Erlösung!«), eines Menschen im Umbruch und Übergang zu neuen Metamorphosen und Verwandlungen, die sich als deutliche Zäsur auch in Hesses seit 1919 entstandenen Werken abzeichnet.

Wie der Vogel im Piktor-Märchen immer neue Gestalten anzunehmen und sich beliebig in eine Blume, einen Schmetterling oder einen Kristall zu verwandeln vermag, verändert sich auch Piktor mit Hilfe der Liebe. Sie führt ihn heraus aus der Sackgasse, in die er sich auf den Rat der Schlange hin selber eingeschlossen hat. Nur mit der Geliebten gemeinsam gelingt es ihm, sich aus Isolation und Stillstand zu befreien und zurückzufinden in den »Zauberstrom der Verwandlung«, bis er sich endlich »als ganz, als ein Paar« erleben kann, »das Mond und Sonne, Mann und Weib« in sich hatte, als »Zwillingsfluß durch die Länder floß und als Doppelstern am Himmel stand«. Die Gegenliebe einer von ihm selbst geliebten Frau hat dieses Wunder ermöglicht. Daß es sich als Wunschtraum, als sehnsüchtiger Ausblick in ein für ihn selber zunächst noch unerreichbares Paradies herausstellen sollte, darüber macht sich Hesse keine Illusionen.

Bald darauf wird er die Tanzschritte des Steppenwolfes versuchen, bis er jenseits des 50. Lebensjahres in seiner dritten Frau Ninon endlich die Gefährtin fand, die problemfühlig und stark genug war, seinen auf Werk- und Menschenliebe orientierten Weg mehr als dreißig Jahre lang bis zum Ende zu begleiten. Sie hat ihm eine Form der Gemeinsamkeit ermöglicht, die sich mit seiner überpersönlichen Aufgabe vereinbaren ließ. Auf selbstlose Weise hat sie verstanden, daß für Hesse »der Anfang aller Kunst die Liebe« war, daß, wie er sagte, der »Wert und Umfang jeder Kunst vor allem durch des Künstlers Fähigkeit zu einer Liebe bestimmt« werden, die alles umfaßt, was liebenswert ist.

Volker Michels

Die schönsten Liebesgeschichten der deutschen Literatur

Geschichten von der Liebe

Ein Lesebuch · Ausgewählt von Heike Ochs
it 2891. 208 Seiten

Johann Wolfgang Goethe · Liebesgeschichten

Ausgewählt von Hans-Joachim Simm
it 2892. 144 Seiten

Heinrich von Kleist · Liebesgeschichten

Mit einem Nachwort von Klaus Müller-Salget
it 2893. 176 Seiten

Rainer Maria Rilke · Liebesgeschichten

Ausgewählt von Vera Hauschild
it 2894. 112 Seiten

Marie Luise Kaschnitz · Liebesgeschichten

Ausgewählt von Elisabeth Borchers
it 2895. 144 Seiten

Hermann Hesse · Liebesgeschichten

Ausgewählt von Volker Michels
it 2896. 192 Seiten

Robert Walser · Liebesgeschichten

Ausgewählt von Volker Michels
it 2897. 160 Seiten

NF 74/1/10.02

Die schönsten Liebesgedichte der deutschen Literatur

Die schönsten Liebesgedichte

Ausgewählt von Günter Berg
it 2827. 128 Seiten

Joseph von Eichendorff · Liebesgedichte

Ausgewählt von Wilfried Lutz
it 2821. 128 Seiten

Heinrich Heine · Liebesgedichte

Ausgewählt von Thomas Brasch
it 2822. 96 Seiten

Rainer Maria Rilke · Liebesgedichte

Ausgewählt von Vera Hauschild
Mit einem Nachwort von Siegfried Unseld
it 2823. 112 Seiten

Bertolt Brecht · Liebesgedichte

Ausgewählt von Werner Hecht
it 2824. 128 Seiten

Johann Wolfgang Goethe · Liebesgedichte

Ausgewählt von Karl Eibl
it 2825. 128 Seiten

Hermann Hesse · Liebesgedichte

Ausgewählt von Volker Michels
it 2826. 128 Seiten

NF 75/1/10.02

»Das Leben lieben«

Anthologien im insel taschenbuch

Glück. Erkundigungen, eingeholt von Gottfried Honnefelder. it 1459. 377 Seiten

Einsamkeiten. Ein Lesebuch. Herausgegeben von Ilma Rakusa. it 1691. 230 Seiten

Gedanken zur Nacht. Ausgewählt von Rainer Weiss. it 2737. 176 Seiten

Das Leben lieben. Ausgewählt von Rainer Weiss. it 2634. 176 Seiten

Orte der Seele. Gedanken über das Jenseits. Herausgegeben von Hans-Joachim Simm. it 2238. 327 Seiten

Vom Abschied. Eine Gedichtsammlung. Herausgegeben von Margot Litten. it 694. 177 Seiten

Über die Freundschaft. Herausgegeben von Hans-Ulrich Müller-Schwefe. it 1783. 227 Seiten

Vom Geheimnis der alltäglichen Dinge. Gedanken, Betrachtungen und Erfahrungen. Herausgegeben von Johannes Werner. it 2172. 193 Seiten

Vom Mitleid. Die heilende Kraft. Herausgegeben von Ulrich Kronauer. it 2503. 208 Seiten

Von der Gelassenheit. Texte zum Nachdenken. Herausgegeben von Hans-Joachim Simm. it 2105. 170 Seiten

NF 18/1/5.02

Von der Versöhnung. Texte zum Nachdenken. Ausgewählt von Hans-Joachim Simm. it 2779. 160 Seiten

Von der Würde des Menschen. Ausgewählt von Hans-Joachim Simm. it 2545. 151 Seiten

Was also ist die Zeit? Erfahrungen der Zeit, gesammelt von Gottfried Honnefelder. it 1774. 284 Seiten

NF 18/2/5.02

Lektüre für Gestreßte im insel taschenbuch

Buddha für Gestreßte. Ausgewählt von Ursula Gräfe. it 2594. 144 Seiten

Gandhi für Gestreßte. Ausgewählt von Martin Kämpchen. it 2806. 146 Seiten

Goethe für Gestreßte. Ausgewählt von Walter Hinck. it 1900. 128 Seiten

Hesse für Gestreßte. Ausgewählt von Volker Michels. it 2538. 158 Seiten

Kierkegaard für Gestreßte. Ausgewählt von Johan de Mylius. it 2661. 192 Seiten

Konfuzius für Gestreßte. Herausgegeben von Ursula Gräfe. it 2754. 128 Seiten

Karl Kraus für Gestreßte. Ausgewählt von Christian Wagenknecht. it 2190. 144 Seiten

Montaigne für Gestreßte. Ausgewählt von Uwe Schulz. it 2845. 120 Seiten

Nietzsche für Gestreßte. Vorgestellt von Ursula Michels-Wenz. it 1928. 112 Seiten

Novalis für Gestreßte. Ausgewählt von Ursula Michels-Wenz. it 2704. 160 Seiten

NF 8/1/4.02

Platon für Gestreßte. Ausgewählt von Michael Schroeder. it 2189. 112 Seiten

Rilke für Gestreßte. Ausgewählt von Vera Hauschild. it 2191. 112 Seiten

Schopenhauer für Gestreßte. Ausgewählt von Ursula Michels-Wenz. it 2504. 125 Seiten

Seneca für Gestreßte. Ausgewählt von Gerhard Fink. it 1940. 102 Seiten

NF 8/2/4.02